U0727695

大数据时代下的企业财务管理

李自连　著

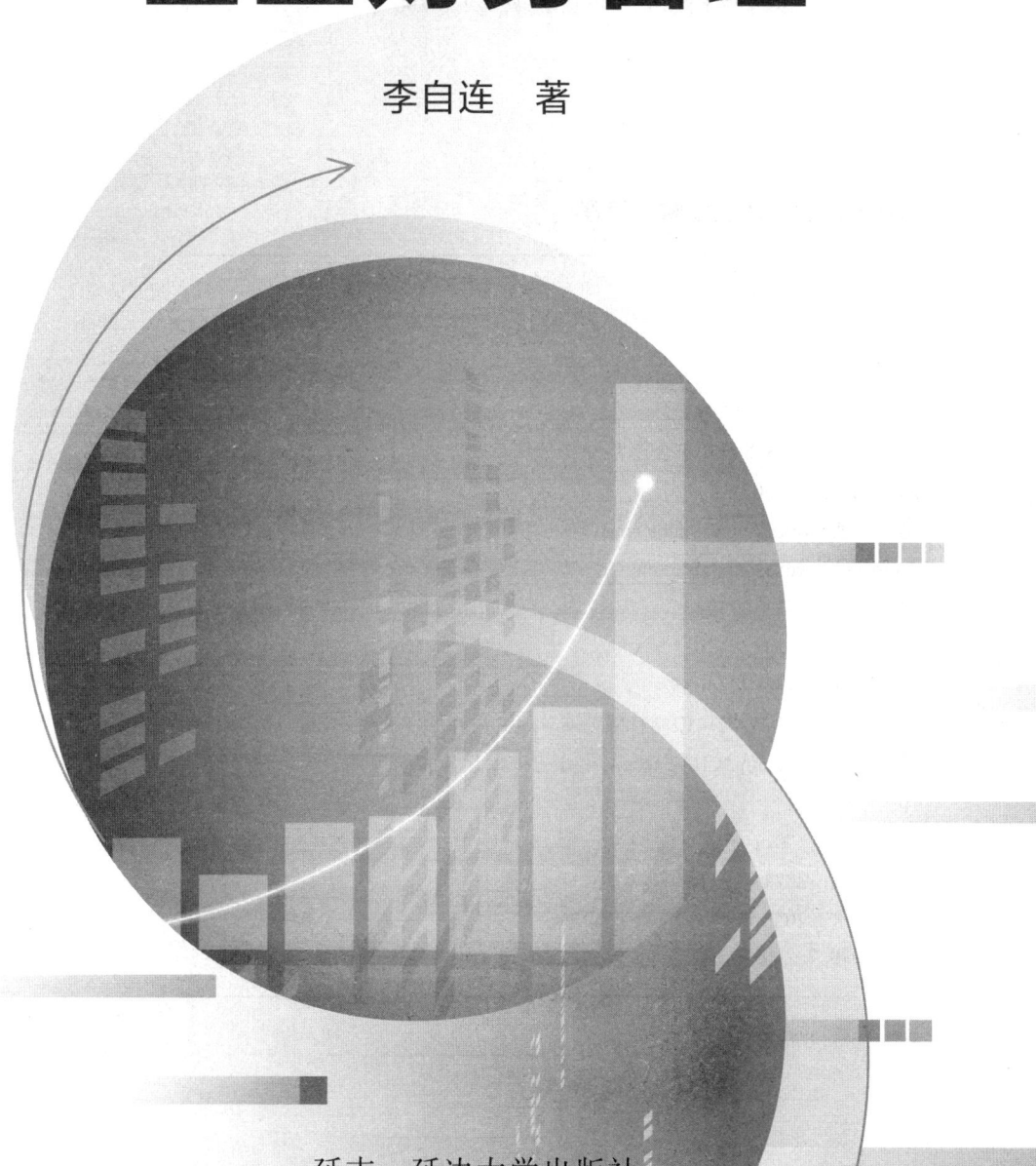

延吉·延边大学出版社

图书在版编目（CIP）数据

大数据时代下的企业财务管理 / 李自连著. -- 延吉 ：
延边大学出版社，2024. 10. -- ISBN 978-7-230-07309
-7

Ⅰ．F275

中国国家版本馆 CIP 数据核字第 20247Z9X96 号

大数据时代下的企业财务管理

著　　者：李自连
责任编辑：魏琳琳
封面设计：文合文化
出版发行：延边大学出版社
社　　址：吉林省延吉市公园路 977 号
邮　　编：133002
网　　址：http://www.ydcbs.com
E-m a i l：ydcbs@ydcbs.com
电　　话：0433-2732435
传　　真：0433-2732434
发行电话：0433-2733056
印　　刷：三河市嵩川印刷有限公司
开　　本：787 mm×1092 mm　1/16
印　　张：11
字　　数：170 千字
版　　次：2024 年 10 月　第 1 版
印　　次：2025 年 1 月　第 1 次印刷
ISBN 978-7-230-07309-7

定　　价：68.00 元

前　　言

在大数据时代，企业财务管理正经历着深刻的变革。随着信息技术的迅猛发展，数据的规模、复杂性和价值都达到了前所未有的水平，这对传统的企业财务管理模式提出了严峻的挑战，也为其发展带来了新的机遇。

本书全面剖析了大数据时代下企业财务管理的现状，深入探讨了其面临的挑战与发展趋势，详细分析了大数据对企业财务管理决策产生的深远影响，并重点介绍了大数据在企业财务管理中的广泛应用。同时，本书还介绍了一系列先进的企业财务管理方法，如平衡计分卡、阿米巴经营、ABC 成本法以及精益六西格玛，以期为读者提供全面的理论支撑。本书还进一步详细地阐述了大数据时代下的企业财务预算管理、企业财务投资管理、企业财务决策管理和企业财务战略管理，探讨如何在新的时代背景下进行有效的企业财务管理实践。最后，本书聚焦于大数据时代下企业财务管理的创新，包括思维的创新、无边界融合式创新，以及智能化发展，旨在为企业财务管理人员提供有益的指导和启示。

笔者在撰写本书的过程中，借鉴了许多学者的研究成果，在此表示由衷的感谢。由于笔者水平有限，书中疏漏之处在所难免，望广大读者批评和指正。

目 录

第一章 大数据与企业财务管理概述

第一节 大数据的基本理论

一、大数据的定义

早在 1980 年，著名未来学家阿尔文·托夫勒在其《第三次浪潮》一书中就描绘过未来信息社会的前景，并强调了数据在信息社会中的作用。随着信息技术，特别是智能信息采集技术、互联网技术的迅速发展，各类数据都呈现出爆发之势。计算机界因此提出了"海量数据"的概念，并突出了数据挖掘的概念和技术，以便从海量数据中挖掘出需要的数据。数据挖掘成了一种专门的技术和学科，为大数据的提出和发展做好了技术的准备。2008 年 9 月，《自然》杂志推出了"大数据"特刊，并在封面中特别突出了"大数据"专题。2009年开始，在互联网领域，"大数据"已经成为一个热门的词语。不过，当时的"大数据"与现在的"大数据"，虽然名字相同，但内涵和本质有着巨大的差别。

2011 年 6 月，美国麦肯锡咨询公司发表了一份《大数据：下一个创新、竞争和生产力的前沿》研究报告。在这份报告中，麦肯锡咨询公司不但重新提出了大数据的概念，而且全面阐述了大数据在未来经济社会发展中的重要意义，并宣告大数据时代的来临。由此，"大数据"很快走出学术界而成为社会中的热门词语，麦肯锡咨询公司也成为大数据革命的先驱者。在 2012 年的美国总统选举中，奥巴马团队成功运用大数据技术战胜对手，并将发展大数据上升为国家战略，以政府之名发布了《大数据研究和发展计划》，让专业的大数据概念家喻户晓。同年 6 月，联合国专门发布了大数据发展战略，这是联合国第一次就某一技术问题发布报告。奥地利著名数据科学家维克托·迈尔·舍恩伯格的《大数据时代》一书则对大数据技术及其对工作、生活和思维方式的影响进行了全面的普及，因此大数据及其思维模式在全世界得到了迅速传播。从国内来说，涂子沛的《大数据》让国人及时了解到国际兴起的"大数据热"，让我国相关行业人员在研究方法和视野上与国际同行保持了同步。

大数据究竟是什么意思？从字面上来说，所谓大数据，就是指规模特别大的数据集合；从本质上来说，它仍然属于数据库或数据集合，不过是规模特别大而已。因此，麦肯锡咨询公司在报告中将大数据定义为："大小超出常规的数据库工具获取、存储、管理和分析能力的数据集。"

美国权威研究机构高德纳公司对大数据做出了这样的定义："大数据是需要新处理模式才能具备更强的决策力、洞察发现力和流程优化能力的海量、高增长率和多样化的信息资产。"

舍恩伯格则在其《大数据时代》一书中这样定义："大数据并非一个确切的概念。最初，这个概念是指需要处理的信息量过大，已经超出了一般计算机在数据处理时所能使用的内存量，因此工程师们必须改进处理数据的工具……大数据是人们获得新认知、创造新的价值的源泉；大数据还是改变市场、组织机构，以及政府与公民关系的方法。"

约翰威立国际出版集团出版的《大数据傻瓜书》对大数据概念是这样解释的："大数据并不是一项单独的技术，而是新、旧技术的一种组合，它能够帮助公司获取更可行的洞察力。因此，大数据具有管理巨大规模独立数据的能力，以便以合适的速度、在合适的时间范围内完成实时分析和响应。"

大数据这一概念被引入国内之后，我国学者对大数据的理解也五花八门，不过跟国外学者的理解比较类似。最早介入并对大数据进行了比较深入研究的三位院士的观点都具有一定的代表性和权威性。

邬贺铨院士认为："大数据泛指巨量的数据集，因可从中挖掘出有价值的信息而受到重视。"李德毅院士认为："大数据本身既不是科学，也不是技术，我个人认为，它反映的是网络时代的一种客观存在，各行各业的大数据，规模从 TB 到 PB 到 EB 到 ZB，都是以三个数量级的阶梯迅速增长，是用传统工具难以管理的，具有更大挑战的数据。"李国杰院士则认为："大数据具有数据量大、种类多和速度快等特点，涉及互联网、经济、生物、医学、天文、气象、物理等众多领域。"

我国最早介入大数据普及的学者涂子沛在其《大数据》中将大数据定义为："大数据是指那些大小已经超出了传统意义上的尺度，一般的软件工具难以捕捉、存储、管理和分析的数据。"由于涂子沛的著作发行量比较大，因此他对大数据的这个界定也具有一定的影响力。

从国内外学者对大数据的界定来看，虽然目前没有统一的定义，但基本上都从数据规模、处理工具、利用价值三个方面来进行界定：①大数据属于数据的集合，其规模特别大；②一般数据工具难以处理，因而必须引入数据挖掘技术；③大数据具有较大的经济价值和社会价值。

二、大数据的性质

从大数据的定义可以看出，大数据具有规模大、种类多、速度快、价值密度低和真实性差等特点，在数据增长、分布和处理等方面具有更多复杂的性质，如下所述：

（一）非结构性

结构化数据是可以在结构数据库中存储与管理，并可用二维表来表达的数据。这类数据是先定义结构，然后才有数据。结构化数据在大数据中所占比例较小，占 15% 左右，现已被广泛应用。当前的数据库系统以关系数据库系统为主导，如银行财务系统、股票与证券系统、信用卡系统等。

非结构化数据是指在获得数据之前无法预知其结构的数据，目前所获得的数据 85 % 是非结构化数据，而不再是纯粹的结构化数据。传统的系统无法完成对这些数据的处理，从应用角度来看，非结构化数据的计算是计算机科学的前沿。大数据的高度异构性也导致抽取语义信息困难。如何将数据组织成合理的结构是大数据管理中的一个重要问题。大量出现的各种数据本身是非结构化的或半结构化的数据，如图片、照片、日志和视频数据等是非结构化数据，而网页等是半结构化数据。大数据大量存在于互联网、社交网络和电子商务等领域。另外，约有 90 % 的数据来自开源数据，其余的被存储在数据库中。大数据的不确定性表现在高维、多变和强随机性等方面。股票交易数据流是不确定性大数据的一个典型例子。

大数据产生了大量研究问题。非结构化和半结构化数据的个体表现、一般性特征和基本原理尚不清晰，这些需要通过经济学、社会学、计算机科学和管理科学在内的多学科交叉研究。对于半结构化或非结构化数据，如图像，需要研究如何将它转化成多维数据表、面向对象的数据模型或者直接基于图像的数据模型。还应说明的是，大数据的每一种表现形式都仅呈现数据本身的一个侧面，并非其全貌。

由于现存的计算机科学、技术架构和路线已经无法高效处理如此多的数据，因此如何将数据组织成合理的结构也是大数据管理中的一个重要问题。

（二）不完备性

数据的不完备性是指在大数据条件下所获取的数据常常包含一些不完整的信息和错误，即脏数据。在数据分析之前，需要进行抽取、清洗、集成，得到高质量的数据之后，再进行挖掘和分析。

（三）时效性

数据规模越大，分析处理的时间就会越长，所以快速处理大数据非常重要。如果专门设计一个处理一定数据量的数据系统，则其处理速度可能会非常快，但并不能适应大数据的要求。因为在许多情况下，用户要求立即得到数据的分析结果，需要在处理速度与规模间折中考虑，并寻求新的方法。

三、大数据的生态环境

大数据是人类活动的产物，它来自人们改造客观世界的过程。信息爆炸是对信息快速发展的一种形象的描述，形容信息发展的速度如同爆炸一般席卷整个空间。在20世纪40—50年代，信息爆炸主要指的是科学文献的快速增长。而经过50年左右的发展，到20世纪90年代，由于计算机和通信技术的广泛应用，信息爆炸主要指的是所有社会信息的快速增长，包括正式交流过程和非正式交流过程中所产生的电子式的信息和非电子式的信息。而到21世纪的今天，信息爆炸是由于数据洪流的产生和发展。在技术方面，新型的硬件与数据中心、分布式计算、云计算、高性能计算、大容量数据存储与处理技术、社会化网络、移动终端设备、多样化的数据采集方式使大数据的产生和记录成为可能。在用户方面，日益人性化的用户界面、信息行为模式等都容易作为数据而被量化和记录，用户既可以成为数据的制造者，又可以成为数据的使用者。可以看出，随着云计算、物联网计算和移动计算的发展，世界上所产生的新数据，包括位置、状态、思考、过程和行动等数据都能够汇入数据洪流，互联网的广泛应用，尤其是"互联网+"的出现，促进了数据洪流的发展。

归纳起来，大数据主要来自互联网世界与物理世界。

（一）互联网世界

大数据是计算机和互联网相结合的产物，计算机实现了数据的数字化，互联网实现了数据的网络化，二者结合起来之后，赋予了大数据强大的生命力。随着互联网如同空气、水、电一样无处不在地渗透于人们的工作和生活中，以及移动互联网、物联网、可穿戴设备的普及，新的数据正在以指数级的速度迅速产生，目前世界上90%的数据是在互联网出现之后迅速产生的。来自互联网的网络大数据是指"人、机、物"三元世界在网络空间中交互、融合所产生并可在互联网上获得的大数据。

大数据来自人类社会，互联网的发展为大数据的存储、传输与应用创造了条件。依据基于唯象假设的六度分隔理论而建立的社交网络服务（Social Network Service，SNS），用户以认识朋友的朋友为基础，扩展自己的人脉。基于 Web 2.0 交互网站建立的社交网络，用户既是网站信息的使用者，也是网站信息的创造者。社交网站记录人们之间的交互，搜索引擎记录人们的搜索行为和搜索结果，电子商务网站记录人们购买商品的喜好，微博记录人们所产生的即时想法和意见，图片、视频分享网站记录人们的视觉观察，百科全书网站记录人们对抽象概念的认识，幻灯片分享网站记录人们的各种正式和非正式的演讲发言，机构知识库和期刊网站记录学术研究成果。归纳起来，来自互联网的数据可以划分为下述几种类型：

1.视频

视频是大数据的主要来源之一，电影、电视节目可以产生大量的视频，各种室内外的视频摄像头昼夜不停地产生大量的视频。视频以每秒几十帧的速度连续记录运动着的物体，一个小时的标准、清晰的视频经过压缩后，所需的存储空间为 GB 数量级，高清晰度视频所需的存储空间就更大了。

2.图片

图片也是大数据的主要来源之一。据统计，全球用户共向某社交网站上传了 1 400 亿张图片，如果拍摄者为了保存拍摄时的原始文件，平均每张图片大小为 1 MB，则这些图片的总数据量约为 130 PB，如果单台服务器磁盘容量为 10 TB，则存储这些图片需要 13 312 台服务器，而且这些上传的图片仅仅是拍摄到的图片的很少一部分。此外，许多遥感系统 24 小时不停地拍摄并产生大量照片。

3.音频

DVD（Digital Versatile Disc，数字通用光盘）采用了双声道 16 位采样，

采样频率为 44.1 kHz，可达到多媒体欣赏水平。如果某音乐剧的时间为 5.5 min，其占用的存储容量为：

$$存储容量＝（采样频率×采样位数×声道数×时间）/ 8$$
$$＝（44.1×1\,000×16×2×5.5×60）/ 8$$
$$≈55.5\ MB$$

4.日志

网络设备、系统及服务程序等，在运作时都会产生一个叫日志的事件记录。每一条日志都记载着日期、时间、使用者及动作等相关描述。Windows 网络操作系统设有各种各样的日志文件，如应用程序日志、安全日志、系统日志、Scheduler（调度器）服务日志、FTP（File Transfer Protocol，文件传输协议）日志、WWW（World Wide Web，万维网）日志、DNS（Domain Name System，域名系统）服务器日志等，这些日志文件根据系统开启的服务不同而有所不同。用户在系统上进行一些操作时，这些日志文件通常记录了用户操作的一些内容，这些内容对系统安全工作人员相当有用。例如，有人对系统进行了 IPC（Inter-Process Communication，进程间通信）探测，系统就会在安全日志里迅速地记下探测者探测时所用的 IP（Internet Protocol，网络之间互连的协议）、时间、用户名等，用 FTP 探测后，就会在 FTP 日志中记下 IP、时间、用户名等。

网站日志记录了用户对网站的访问，电信日志记录了用户拨打和接听电话的信息，假设有 5 亿用户，每个用户每天呼入和呼出 10 次，每条日志占用 400 B，并且需要保存 5 年，则数据总量约为 3.24 PB。

5.网页

网页是构成网站的基本元素，是承载各种网站应用的平台。通俗地说，网站就是由网页组成的，如果只有域名和虚拟主机而没有制作任何网页，则客户依然无法访问网站。网页要通过网页浏览器来阅读。文字与图片是构成一个网页的两个最基本的元素。可以简单地理解为：文字就是网页的内容，图片就是网页的美化描述。除此之外，网页的元素还包括动画、音乐、程序等。

网页分为静态网页和动态网页。静态网页的内容是预先确定的，并存储在Web服务器或者本地计算机、服务器之上，动态网页取决于用户提供的参数，并根据存储在数据库中的网站上的数据而创建。通俗地讲，静态网页是照片，每个人看都是一样的；动态网页则是镜子，不同的人看都不相同。

网页中的主要元素有感知信息、互动媒体和内部信息等。感知信息主要包括文本、图像、动画、声音、视频、表格、导航栏、交互式表单等。互动媒体主要包括交互式文本、互动插图、按钮、超链接等。内部信息主要包括注释，通过超链接链接到某文件、元数据与语义的元信息、字符集信息、文件类型描述、样式信息和脚本等。

网页内容丰富，数据量巨大，如果每个网页有 25 KB 数据，则 10 000 亿个网页的数据总量约为 22.7 PB。

（二）物理世界

来自物理世界的大数据又被称为科学大数据。最早提出大数据概念的学科是天文学和基因学，这两个学科从诞生之日起就依赖基于海量数据的分析方法。因为科学实验是科技人员设计的，数据采集和数据处理也是事先设计的，所以不管是检索还是模式识别，都有科学规律可循。例如，希格斯粒子的寻找，采用了大型强子对撞机实验。这是一个典型的基于大数据的科学实验，要在至少 1 万亿个事例中才可能找出一个希格斯粒子。从这一实验中可以看出，科学实验的大数据处理是整个实验的一个预定步骤，这是一个有规律的设计，发现有价值的信息可在预料之中。大型强子对撞机每秒生成的数据量约为 1 PB。建设中的下一代巨型射电望远镜阵每天生成的数据量约为 1 EB。波音发动机上的传感器每小时产生 20 TB 左右的数据量。

随着科研人员获取数据的方法与手段的变化，科研活动产生的数据量激增，科学研究已成为数据密集型活动。科研数据因其数据规模大、类型复杂多样、分析处理方法复杂等特征，已成为大数据的一个典型代表。大数据所带来的新的科学研究方法反映了未来科学的行为研究方式，数据密集型科学研究将成为科学研究的普遍范式。

利用互联网可以将所有的科学大数据与文献联系在一起，创建一个文献与数据能够交互操作的系统，即在线科学数据系统。

对于在线科学数据系统，由于各个领域互相交叉，不可避免地需要使用其他领域的数据。利用互联网能够将所有文献与数据集成在一起，可以实现从文献计算到数据的整合。这样可以提高科技信息的检索速度，进而大幅度地提高生产力。也就是说，在线阅读某人的论文时，可以查看其原始数据，甚至可以重新分析；也可以在查看某些数据时，查看所有关于这一数据的文献。

第二节 企业财务管理概述

一、企业财务管理的概念及任务

企业财务管理是企业整个管理工作的一个重要环节，是处理企业同各方面的财务关系的一项经济管理工作。企业财务管理要为工作任务的完成和工作计划的实现积极筹集、合理安排、科学使用资金，不断提高资金使用的社会效益和经济效益，其具体任务如下：

（一）合理安排预算，保证资金供应

预算是企业根据工作任务、工作计划以及收支标准等编制的单位财务收支计划。预算中确定的各项收入指标是企业开展工作和进行业务活动的财力保证，各项支出指标则决定着企业发展的方向和规模，所以企业财务管理的首要任务是合理安排预算，也就是科学、合理地制订企业的财务收支计划，并按计

划合理地筹集资金，保证资金供应，确保各项任务和工作计划圆满完成。具体来说，在收入预算的安排方面，应把企业的各项收入全部纳入预算，并要在充分挖掘人力、设备潜力，扩大服务面，拓宽服务项目的基础上增加收入。在支出预算的安排方面，要量入为出，将预算支出指标控制在与收入相适应的范围内，不能在预算中留有缺口。同时，要合理安排预算支出的结构，处理好人员经费支出与公用经费支出、维持经费与发展经费、重点项目与一般项目的关系，不断提高经费支出的社会效益和经济效益。

（二）加强支出管理，提高资金使用效益

为保证各项任务的完成和工作计划的实现，企业加强支出的管理显得尤为重要。企业的各项经费开支，应严格执行费用开支标准，并做到按计划、按规定用款。财产物资是通过资金支出转化而来的，是企业开展工作和业务活动必不可少的物质条件，因此在财务管理中必须防止和克服重钱轻物的思想，把管钱和管物结合起来。对各种财产物资做到计划购置，合理储备，及时供应，充分利用，妥善维护保养，防止各种损失浪费现象发生，真正做到物尽其用，少花钱，多办事，把事情办好。

（三）建立健全财务管理制度

企业要合理筹集、分配和使用资金，有效地管理支出，提高资金使用效益，就要根据党和国家的路线、方针、政策以及企业工作的实际需要，建立起一套既符合政策原则，又切合实际的内部财务管理制度，做到计划有依据、收支有标准、管理有定额、分析有资料、监督有要求、交接有手续，使企业的财务管理工作有章可循，有法可依，实行财务活动规范化管理。管理制度属于上层建筑，必须随着经济体制的改革和客观经济情况的变化不断修订、补充和完善，以适应经济发展的需要。特别是在各项改革不断深入的情况下，会有很多新问题需要解决，也会有很多新经验需要不断探索和总结。因此，不断建立健全财务管理制度，是企业财务管理的一项重要任务。

（四）加强财务监督，维护财经纪律

财务监督是利用价值形式，对企业在开展业务活动中所筹集、缴纳和使用的经费等进行的控制和调节。控制和调节的依据是党和国家的路线、方针、政策，以及财务规章制度和财务预算。控制和调节的目的是促进增收节支，合理使用资金，充分发挥资金的使用效益，保证各项任务的完成和工作计划的实现。

加强财务监督，首先要从思想上充分认识财务监督在整个财务管理工作中的地位和作用。这是因为，在日常的财务活动中，铺张浪费、损公肥私、滥用职权、贪占挪用等违反财经纪律和忽视计划、不讲效益的现象时有发生。财务监督的作用就体现于此，对于那些坚决维护财经纪律的部门或个人，应当给予表扬和奖励；对于那些不顾财经纪律、财务制度，铺张浪费、贪占挪用等行为，必须予以制止，触及刑律的要将涉事人绳之以法。只有这样才能促使各企业严格执行党和国家的有关路线、方针、政策和财务规章制度，规范财务行为，促进增收节支，不断提高资金使用的社会效益和经济效益。

二、企业财务管理的内容与特点

企业财务管理的内容包括资金筹集管理、资金耗费管理、资金收入和分配管理，还包括其他特种业务的财务管理。

企业财务管理区别于其他管理的特点在于它是一种价值管理，是一项综合性的管理工作。它对企业各项生产经营活动与管理工作有重要的促进作用。

三、企业财务管理的目标

企业财务管理目标又称理财目标，是指企业进行财务活动所要达到的根本目的，它决定着企业财务管理的基本方向。

（一）利润最大化

利润最大化目标，是假定企业财务管理行为将朝着有利于企业利润最大化的方向发展。这个目标的主要缺点有几项：第一，没有考虑到资金的时间价值；第二，没有反映创造的利润与投入资本之间的关系；第三，没有考虑到风险因素；第四，可能会导致短期行为。

（二）资本利润率最大化或每股利润最大化

资本利润率是净利润与资本额的比值，每股利润是净利润与普通股股数的比值。这一目标的优点是便于不同资本规模的企业或同一企业的不同阶段之间的比较；缺点是没有考虑到资金时间价值与风险因素，也不能避免企业的短期行为。

（三）企业价值最大化或股东财富最大化

企业价值是指企业的市场价值，反映了企业潜在或预期获利能力。企业价值最大化或股东财富最大化是指通过企业财务方面的合理经营，采用最优的财务政策，充分地考虑资金的时间价值和风险与报酬的关系，在保证企业长期稳定发展的基础上，使得企业总价值达到最大。

西方的企业财务管理目前所提的目标，即企业价值最大化或股东财富最大化。这一观点当中包含企业既要获得盈利，又要实现资产增值。归根到底，只有企业净资产增加，即股东财富增加，才是投资者追求的最终目的。要衡量企业价值或股东财富的多少，一个有效的办法是进行资产评估，估算企业实际资产价值；另一个办法是股票上市，观察股票市场价格的高低，由金融市场来对企业资产进行评价。

这一目标的优点主要表现为：第一，考虑到了资金的时间价值和投资的风险价值；第二，反映了对企业资产保值增值的要求；第三，有利于克服管理上的片面性与短期行为；第四，有利于社会资源的合理配置，有利于实现社会效益最大化。企业价值最大化或股东财富最大化是较为合理的财务管理目标。

四、企业财务管理的原则

企业财务管理的原则是企业组织财务活动、处理财务关系的准则。它是从企业财务管理的实践经验当中概括出来的，体现理财活动规律性的行为规范，是对财务管理的基本要求。

（一）资金合理配置原则

所谓的资金合理配置，是指要通过资金运动的组织和调节，来保证各项物质资源具有最优化的结构比例关系。资金合理配置是企业持续、高效经营必不可少的条件。在企业财务管理工作之中，要把企业资金合理地配置在生产经营的各个阶段上，并保证各项资金能顺畅运行。

（二）成本效益原则

所谓的成本效益原则，是指要对经济活动中的所费与所得进行分析和比较，对经济行为的得失进行衡量，使得成本与收益得到最优的结合，以求获得最多的盈利。实行成本效益原则，是直接与企业的财务管理目标联系着的。实行成本效益原则，能够提高企业经济效益，使得投资者权益最大化。

（三）收益风险均衡原则

所谓收益风险均衡原则，是指对于每项财务活动分析其收益性和安全性，使得企业可能承担的风险与可能获得的收益相适当，据此做出决策。在市场经济条件之下，风险会与收益同在，风险要得到补偿（否则人们会不愿意承受风险），这是企业财务管理处理风险问题的依据。

（四）收支积极平衡原则

收支积极平衡原则要求资金的收支不仅在一定期间总量上求得平衡，而且要在每一时点上协调平衡。资金收支的平衡取决于购产销活动的平衡，它能对各项生产经营活动产生积极的影响。

（五）分级分权原则

分级分权原则的要求是在统一领导的前提下，合理地安排企业各级各单位和各职能部门的权责关系。分级分权原则是民主集中制在企业财务管理当中的具体运用，是调动各级各部门积极性的有效措施。财务主管部门要协助企业领导，适应于企业组织结构规定财务管理的职责与权限，核定经济指标，定期进行考核。

（六）利益关系协调原则

利益关系协调原则，是指要利用经济手段协调财务活动涉及的各方经济利益，维护其各自的合法权益。财务关系是资金活动中产生的关系，大部分表现为经济利益关系。

五、企业财务管理的体制

企业财务管理体制是指规范企业财务行为、协调企业同各方面财务关系的制度。研究和改革企业财务管理体制，不仅对企业加强财务管理、提高经济效益有重要的作用，而且对促进和配合财税、金融、投资等体制的改革也具有重要的意义。

（一）企业总体财务管理体制

企业总体财务管理体制是现代企业制度的重要方面，主要解决企业对外的财务行为与财务关系问题。比如：第一，建立企业资本金制度；第二，建立固定资产折旧制度；第三，建立成本开支范围制度；第四，建立利润分配制度。

（二）企业内部财务管理体制

企业内部财务管理体制主要是指规定企业内部各项财务活动的运行方式，确定企业内部各级各部门之间的财务关系的制度。它要与企业总体财务管理体制相互适应，同时根据企业规模大小、工作基础强弱来研究和确定。大体上有两种方式：一级核算方式、二级核算方式。

企业内部财务管理体制既要解决财务活动运行的要求问题，又要侧重于解决内部各单位之间的权责关系与经济利益关系。上述各项制度的具体内容是由企业自行规定的，要总结本企业的经验，形成一套适合本企业的有效管理办法。

（三）企业财务法规制度

企业及企业内部的财务管理体制是通过有关的财务法规制度加以规定的。企业财务法规制度是根据党和国家的有关路线、方针、政策的要求，适应于财务活动的实际需要，合理安排企业同各方面的财务关系，确定各有关部门财务管理的职责与权限的制度。它是企业组织财务活动、处理财务关系的规范。

目前，我国企业财务法规制度，有如下三个层次：

1. 《企业财务通则》

《企业财务通则》是各类企业进行财务活动、实施财务管理必须遵循的基本规范，对其他财务法规制度有统率的作用。

2. 分行业的企业财务制度

根据《企业财务通则》，制定分行业的企业财务制度，以适应不同行业的特点与管理要求。现行分行业的财务制度当中所指的企业，是指在中国境内的独立核算的各类企业，包括不同所有制性质、不同经营方式、不同组织形式的企业在内。

3. 企业内部财务管理办法

企业有权按照《企业财务通则》与分行业的企业财务制度，根据企业内部管理的需要，制定内部财务管理办法，以便于建立企业财务管理秩序，增加经济收益，避免损失浪费，增强企业的活力。这是企业作为独立的商品生产经营者的一种需要，也是转换企业经营机制的需要。

《企业财务通则》和分行业的企业财务制度是由财政部所制定的，企业内部财务管理办法是由企业自行制定的。对此，国家有关部门可以做出指导性的规定。

六、企业财务管理的基本环节

企业财务管理环节是指组织财务活动、处理财务关系的各个业务工作阶段。企业财务管理的基本环节包括一系列相互联系的基本业务手段，形成周而复始的企业财务管理循环过程，构成完整的企业财务管理工作体系。

（一）财务预测

财务预测是企业根据财务活动的历史资料，考虑现实的要求与条件，对企业未来的财务活动和财务成果做出科学的预计与测算。

（二）财务计划

财务计划是企业运用科学的技术手段与数学方法，对目标进行综合平衡，制定主要计划指标，拟订增产节约措施，协调各项计划指标。

（三）财务控制

财务控制是企业在生产经营活动的过程中，以计划任务和各项定额作为依据，对资金的收入、支出、占用、耗费进行日常的计算与审核，以实现计划指标，提高经济效益。

（四）财务分析

财务分析是企业以核算资料作为主要依据，对财务活动的过程和结果进行调查研究，评价计划的完成情况，分析影响计划执行的因素，挖掘企业的潜力，提出改进措施。

（五）财务检查

财务检查是企业以核算资料作为主要依据，对企业经济活动和财务收支的合理性、合法性与有效性所进行的检查。

第二章 大数据时代下的企业财务管理方法

第一节 平衡计分卡

平衡计分卡是 20 世纪 90 年代由哈佛大学商学院教授罗伯特·卡普兰和大卫·诺顿根据"通用电气的绩效评估报告"以及 20 世纪上半叶在法国流行的"仪表盘评估法"设计并制定出来的。他们认为，过去的方法过分注重财务指标，而忽视其他方面，如用户体验、上下游企业关系、企业潜力等，然而这些因素对企业的表现和长远发展却有着至关重要的影响。他们之所以将这种方法称为"平衡计分卡"，是因为这种方法将非财务评价指标加入传统的评价体系中，构造了一个更加"平衡"的评价体系。平衡计分卡代表了国际上最前沿的管理思想，集测评、管理与交流功能于一体。

一、平衡计分卡的四个层面

平衡计分卡是一个综合考虑财务因素和非财务因素的业绩评价系统。与其他方法相比，它更强调非财务指标的重要性。平衡计分卡通过四个层面解释企业的行为，分别是学习成长层面、商业过程层面、客户层面、财务层面，并通过"战略地图"来描绘组织如何创造价值。

（一）学习成长层面

这个层面包括员工培训和企业文化的自我成长。在一个以知识型员工为主体的组织中，员工是最主要的资源，尤其是面对近年来快速发展的科技浪潮，让员工能持续学习不仅对员工个人的发展至关重要，还对企业的发展有着举足轻重的作用。卡普兰和诺顿强调的是"学习"，而不是"培训"，是营造一种主观能动的氛围，而不是流于形式的企业活动。平衡计分卡强调对未来进行投资的重要性，要求企业必须对员工、信息系统及组织程序进行大量投资。

（二）商业过程层面

这个层面考量的是一个组织的内部运行是否高效，一个企业的商业过程是否达到高效满足客户的要求，是否达到每个商业过程都增加价值的目的。平衡计分卡下的业务流程遵循"调研和寻找市场—产品设计开发—生产制造—销售与售后服务"的轨迹展开。其中，信息管理系统的应用在帮助管理者将总体目标分解到基层的过程中扮演了极为重要的角色。

（三）客户层面

近年来的管理哲学越来越多地认识到客户满意度在各行业中的重要性，因为满意度最终会决定客户的去留。在此层面的分析中，客户特点和产品线的配对研究至关重要。平衡计分卡在评价客户满意度方面发挥着重要作用。

（四）财务层面

卡普兰和诺顿并未否认准确、及时地提供财务数据的重要性，但他们更加强调财务数据的采集与分析的集中化和自动化。也就是说，他们更看重企业能否更好地整合财务数据、利用财务数据，而不是让企业被财务指标左右从而丢失长期竞争力。同时，在平衡计分卡中，对财务层面的考量加入了风险测评、成本绩效考核数据等。

平衡计分卡是针对企业战略愿景的四个级别的分析和评估，它代表着世界上最先进的管理思想，并集成了评估、管理和沟通的功能。平衡计分卡使用大量领先和滞后指标来评估企业是否正在实现其战略目标。将战略置于中心的平衡计分卡是一种战略管理系统，而不仅仅是企业绩效评估系统。平衡计分卡可以提供许多非财务指标，可以反映财务指标变化的根本原因，更注重促进企业未来的利润，而不是过去的利润统计。

二、平衡计分卡的分析步骤

平衡计分卡的分析步骤如下：

（一）研究评价对象的战略

平衡计分卡能反映战略，其四个方面均与企业的战略密切相关。这一步骤是设计一个好的平衡计分卡并进行综合分析的基础。

（二）针对战略目标取得一致意见

由于各种原因，管理团队可能对目标有不同的意见，但无论如何，必须就企业的长期目标达成一致。平衡计分卡每个方面的目标数量都应控制在合理范围内，并应评估影响组织成功的关键因素。

（三）选择和设计分析测评指标

目标一旦定下，就要判断这些目标能否达到。指标必须准确反映每个具体目标。平衡计分卡中的每个指标都是表达组织战略的因果链的一部分。在指标设计中，使用太多指标是不合适的。对于一般平衡计分卡的每个方面，三个或四个指标就足够了。这也体现了财务报告综合分析指标设计的简明原则和有效性原则。

（四）制订实施计划

各级管理人员必须参与评估。平衡计分卡指标应与企业的数据库和管理信息系统相关联，并应用于整个组织。

（五）监测和反馈

平衡计分卡定期向最高经理报告。当评估设定一段时间并且认为已达到目标时，企业需要设置新目标或为原始目标设置新目标。平衡计分卡应用于战略规划、目标设定和资源分配的过程，需要持续地监控和反馈，以使财务分析报告动态化，帮助企业适应竞争。

第二节 阿米巴经营

阿米巴经营是稻盛和夫提出的原始管理模式。阿米巴也称变形虫，是一种具有细胞分裂、繁殖、灵活性和变异性的单细胞动物。在经营过程中，阿米巴被视为核算单位，并扩展到企业中最小的基层组织，即最小的业务单位，可以是部门、生产线、团队，甚至是某位员工。阿米巴业务是指通过小集体的独立核算实现全员参与的业务管理模式，汇集所有员工的力量。

阿米巴业务管理的实施是将整个公司划分为许多名为"阿米巴"的小型组织。每个小型组织都是独立的利润中心，并进行独立的核算和管理。阿米巴经营单元可以根据内外环境进行快速分裂、合并和成长。

一、阿米巴经营哲学

经营哲学指导经营实践，也是对经营实践的提炼和升华。在阿米巴经营中，其经营哲学是阿米巴经营的核心，能够引领企业走向成功。

企业是个生命体，阿米巴作为一个小的经营单元需要有一个统一的"思想"。虽然每个阿米巴经营单元自主决策经营，但每个"阿米巴"的根本目标是一致的。稻盛和夫从"作为人，何谓正确"这个基本命题出发，结合中国儒家思想，用"敬天爱人"这一朴实的语言设计日本京瓷公司经营哲学。"敬天"就是按事物的本性做事。这里的"天"是指客观规律，也就是事物的本性。稻盛和夫坚持以正确的方式和正确的程序执行正确的事情，并根据本性做事。

所谓"爱人"就是按照人性行事。"爱人"是"利他主义"，"利他主义"是生活的基本出发点，"利他主义"是自利的。对于企业来说，"利他管理"是指客户管理。一般而言，客户包括顾客、员工、社会和利益相关者。只要为客户创造价值，企业就可以从中分享价值。

因此，阿米巴经营哲学一方面起到引导作用，能够成功引领企业；另一方面也规范企业的经营行为，避免企业在经营过程中做出违背经营哲学的事情。

二、阿米巴经营的五大目标

（一）在企业中实现全员参与经营

在阿米巴经营中，根据工作内容进行分配，每个"阿米巴"都是独立核算的经营单元。阿米巴小组负责人（以下简称经营长）就像经营自己的小工厂一样，对所有事务负全部责任。在这种充分授权和内外竞争的机制下，每个员工都能充分发挥其主观能动性。

（二）以核算作为衡量员工贡献的重要指标，培养员工的数字意识

阿米巴经营以简单易懂的单位时间增值核算方式运作。只要简单地将阿米巴单位的收入减去支出，然后除以总劳动时间，就可以计算单位时间的附加值。

（三）实行高度透明的经营

根据阿米巴经营的要求，企业的业务数据必须准确，并及时反馈给每位员工，以便运营商在第一时间获得准确的业务数据。一般而言，经营者可以在业务活动发生后 24 小时内获取业务数据。

（四）自上而下和自下而上的整合

这种整合的前提是企业上下拥有共享的价值观与目标。通过会议，企业不断地给员工灌输企业价值观，让每位员工从经营中体会到快乐，使所有员工都拥有共同的企业价值观。

（五）培养经营长

由于公司被划分为一个个"阿米巴"，经营长所占的比重要比一般企业高，经营长对阿米巴经营导入的成功与否起到关键的作用，同时经营长被充分授权，有发挥才能的平台和机会，可以在成功和失败中成长。

总之，稻盛和夫使用简单易懂的商业会计作为赋权工具，使每个阿米巴成员都能够关注并参与运营，使企业充满活力并保持繁荣。

三、阿米巴经营的操作条件

（一）阿米巴经营单元划分

阿米巴经营单元划分需要三个原则：第一，有明确的收入，能够计算获得收入所需的开支。第二，最小单位组织的阿米巴必须是独立的业务单位。第三，能够实现公司的总体目标。

在阿米巴经营下，经营员工的自我管理理念和方法可以使阿米巴部门的目标与公司的总体目标相一致。

（二）阿米巴经营运转的基础和载体

单位时间附加值核算是阿米巴经营运转的基础和载体，这需要管理会计来提供数据，并且按照以下公式进行测算：

单位时间附加值核算=结算销售额/劳动总时间

（三）阿米巴经营在运转过程中的三个步骤

阿米巴经营在运转过程中分为制订计划、实施计划、反馈与评估三个步骤。

在制订计划中，计划主要包括年度计划和月度计划。阿米巴经营单元不断地根据内外部环境来制订滚动经营计划。在实施计划的过程中，经营长会频繁巡视现场来确保目标的完成，每天在晨会上也会不断重复单位时间核算的经营数字，使得数字深入每一位员工的内心。在反馈与评估时，企业每天反馈，及时反思，并每月公布全公司的业绩情况，对成绩优秀的经营长委以重任。总之，在运转循环中，企业不断地强调数字，使每天的经营都能够得到有效反馈。

中日两国的国情、文化和企业发展的阶段既有相似性，又有区别。如何将在日本运行良好的阿米巴经营本土化，这值得进一步研究。

第三节 ABC 成本法

现代管理将 ABC 成本法（Activity-Based Costing）定义为"基于活动的成本管理"。ABC 成本法是一种定量管理方法，它采用数理统计方法，根据物联网的经济和技术特点进行统计、排列和分析，掌握主要矛盾，区分关键点和一般点，并采用不同的管理方法。

一、ABC 成本法概述

ABC 成本法也称成本分析法、作业成本计算法、作业成本核算法。

ABC 成本法的指导原则是："成本对象消耗活动，活动消耗资源。"ABC 成本法将直接成本和间接成本（包括期间成本）视为平均消费活动的产品成本或服务成本，因此该方法扩大了成本计算的范围，并使计算的产品成本或服务成本更加准确和真实。

活动是成本计算的核心和基本目标。产品成本或服务成本是所有活动的总成本，是企业实际资源成本的终结。

ABC 成本法因其准确的成本信息，可以改善业务流程，为资源决策、产品定价和投资组合决策提供完善的信息而受到广泛好评。20 世纪 90 年代以来，世界上许多先进企业都实施了 ABC 成本法，以改善原有的会计制度，提高企业的竞争力。

二、ABC 成本法的成本分配

ABC 成本法不仅是成本计算方法，而且是成本计算和成本管理的有机结合。ABC 成本法根据资源消耗的因果关系分配成本：根据活动中资源消耗的情况，将资源消耗分配给活动；然后根据成本对象消费活动的情况，将活动成本分配给成本对象。

（一）资源

资源是生产支出的原始形式和成本来源。企业运营系统涉及的人力、物力和财力资源均属于资源。企业的资源包括直接人工、直接材料、间接制造成本等。

（二）活动

活动是指在组织中为特定目的消耗资源的行为。它是 ABC 成本法系统中最小的成本聚合单元。从产品设计、原材料采购、生产加工到产品交付和销售，活动贯穿产品生产和运营的整个过程。在此过程中，每个链接和进程都可以视为一个操作。

（三）成本动因

成本动因，也称成本驱动因素，是指导致成本发生的因素，即成本激励。成本动因一般通过活动消耗的资源来衡量，如质量检查的数量、电力消耗等。在 ABC 成本法中，成本动因是成本分配的基础。成本动因可分为资源动因和活动动因。

（四）活动中心

活动中心（也称成本存储库）是指构成业务流程的互联与操作集合，用于收集业务流程及其输出的成本。换句话说，根据统一的运营动机，各种资源消耗项目可以概括在一起，形成一个活动中心。活动中心可以帮助企业更清晰地分析一组相关业务，进行运营管理、企业组织和责任中心的设计与评估。

三、ABC 成本法的组成

（一）作业

作业是需要操作并因此消耗资源的过程或程序。例如，调用供应商进行订购是一项作业。

（二）成本动因是工作的直接原因

成本动因反映了产品或其他活动成本对象的需求。如果操作是交付货物，那么成本动因是要交付的货物数量。成本动因应与计量单位相关联，并且要易于衡量。它们之间的关系将影响活动与交易成本之间的关系，即活动是否会影响交易成本。简单的测量可以轻松测量基于活动的成本、产品或服务的使用量。采购活动的一般成本动因包括申请所需的货物数量、零件规格数量、进度变更数量、供应商数量和延迟交货数量。

（三）成本对象

成本对象需要考核绩效的实体，如产品、顾客、市场、分销渠道和项目。

（四）作业清单

作业清单即产品或其他成本对象所需的活动和相关成本的列表。

四、ABC 成本法的过程

ABC 成本法的过程如下：

第一，定义业务和成本核算对象（通常是产品，有时也可能是顾客、产品市场等）。这一过程很耗时间。如果两种产品满足客户的相同需求，那么选择客户比定义业务时选择单一产品更合适。

第二，确定每种业务的成本动因。

第三，成本分配给每个成本核算对象，并比较每个对象的成本和价格以确定其盈利能力。

五、ABC 成本法的实施步骤

ABC 成本法的实施一般包括以下几个步骤：

（一）设定 ABC 成本法实施的目标、范围，组成实施小组

ABC 成本法的实施必须有明确的目标，即决策者如何使用 ABC 成本法提供的信息。实施范围是 ABC 成本法的应用部门，ABC 成本法可以在整个企业或独立核算部门中实施，且 ABC 成本法的实施必须明确。为了实施 ABC 成本法，必须建立一个 ABC 成本法实施小组，由企业负责人领导，包括负责企业的会计和相关人员。ABC 成本法在国外通常由内部员工和外部专业顾问组成的小组实施。外部专业顾问具有 ABC 成本法实施的经验，因此，ABC 成本法的实施可以从其他方法实施的成功或失败中吸取经验或教训。

（二）了解企业的运作流程，收集相关信息

实施小组应详细了解企业的业务流程，明确企业成本流程、导致成本发生的因素、各部门对成本的责任，以及便于设计运营和责任控制的系统。

（三）建立企业的 ABC 成本法模型

在充分认识和分析企业运作的基础上，本节设计了一种企业 ABC 成本法模型，主要定义了这些内容：企业资源、活动和成本对象的确定，包括其分类与各种组织层面，每个计算对象的责任主体，以及资源活动分配的组成；从资源到作业分配关系，再到作业产品分配关系。

（四）选择/开发 ABC 成本法实施工具系统

ABC 成本法可以提供比传统成本计算更多的信息，并且包含大量计算。软件工具有助于完成复杂的会计任务和分析信息，没有软件工具的支持，就无法实现 ABC 成本法。ABC 成本法软件系统提供了 ABC 成本法系统的构建工具，可以帮助建立和管理 ABC 成本法系统并完成 ABC 成本法工作。

（五）ABC 成本法运行

在建立 ABC 成本法的基础上，实施小组输入特定数据并运行 ABC 成本法。

（六）分析与解释 ABC 成本法的运行结果

实施小组对 ABC 成本法的运行结果进行分析与解释，如成本偏高的原因、成本构成的变化等。

（七）采取行动

实施小组针对 ABC 成本法中反映的问题，如提高运营效率、评估组织和员工、改变运营方式、消除毫无价值的工作等采取行动。

企业是一个变化的实体，在 ABC 成本法正常运行之后，还需要维护 ABC 成本法模型，使其能够反映企业的发展变化。随着企业的运作，基于 ABC 成本法的运作、解释和行动是一个周期性过程。

第四节 精益六西格玛

一、精益六西格玛的概念

精益的核心理念是消除浪费，最大限度地提高企业活动的附加值；尊重和培养员工，使员工和员工的企业能够共同发展。六西格玛管理旨在降低波动性和复杂性，以便所有产品和服务都能达到或超过客户期望。精益六西格玛是精益和六西格玛管理的有机组合和相互补充，旨在通过减少波动来消除浪费和提高质量，从而提高效率。

六西格玛管理是在全面质量管理的基础上发展起来的战略管理方法。六西马格管理起源于摩托罗拉，由通用电气公司开发。它经历了从冷到热、从西到东、从顶级跨国公司的应用到普通企业的普及的传奇过程。六西格玛管理为企业提供了通用的手段和语言，以实现业务目标，与员工联系流程，集中资源，以严格的科学方法和稳健的业绩改善模式实现利润和收入的提高。六西格玛管理紧密联系组织的所有要素，帮助企业实现业绩的突破，最终成为持久的绩效改进基因。

精益六西格玛的实质是"消除浪费，提高速度"。精益六西格玛管理的目的是整合精益生产和六西格玛管理，吸收两种管理模式的优势，弥补单一模式的不足，实现更好的管理效果。

二、精益六西格玛的必要性

精益生产依赖于参与者的知识，并采用直接解决问题的方法。因此，对于简单问题，它解决得更快，但缺乏知识的标准化；对于复杂问题，它缺乏解决的效率，不能保证其处于统计控制状态。六西格玛管理更好地集成了各种工具，使用定量方法分析和解决问题，并具有标准化的 DMAIC，即定义（Define）、测量（Measure）、分析（Analyze）、改进（Improve）、控制（Control）。通过此五者构成的过程来解决问题。它为复杂问题提供了高度可操作的解决方案和工具。

六西格玛管理优化的目标通常不够全面，缺乏优化整个系统的能力，因此需要将待解决的问题与整个系统联系起来，然后优化流程。精益生产理论的优势之一是系统过程的管理，其可以为六西格玛管理提供框架。一般而言，系统中存在一些非增值流程或活动。如果使用六西格玛管理来优化这些流程或活动，就无法突破原有的系统流程设计。为了消除这种非增值活动或过程，需要重新设计流程。六西格玛管理无能为力，精益生产刚好有一套方法和工具来支持完成这项工作。

简单的六西格玛管理作为唯一的工具仍然存在问题，这是简单问题的复杂性。在过去，只是制作了改进的流程图，从未考虑过到底需要多长时间，不会询问完成复杂过程的成本是否过高。从五西格玛管理到六西格玛管理可能需要花费三倍或更多倍的时间和精力，但客户并没有感受到明显的效果。

三、精益六西格玛的可行性

精益生产和六西格玛管理都是持续改进和追求完美的例子，这是两者的同质性。因此，可以将两者结合起来。

精益生产和六西格玛管理与全面质量管理（Total Quality Management，TQM）密切相关。它们都是基于流程的管理，以客户价值为基本出发点，为两种生产模式的整合提供了基础。

精益思想的本质是消除浪费。六西格玛管理的本质是控制变异，变异是浪费的原因。因此，这两种模式不是对立的，而是互补的。

四、精益六西格玛的潜在收益

精益六西格玛的主要内容包括工厂现场管理、新产品开发、与客户的关系及与供应商的关系。对于现场管理，精益内容包括通过看板系统组织生产过程，实现准时化生产等。

精益六西格玛是一套系统管理原则和实施方法，旨在追求卓越和完美。它是一种全面的系统方法，用于了解客户需求、标准化使用、事实与数据的统计分析，以及灵活的管理和业务流程再造。在提升客户满意度的同时，它使用流程创新方法降低运营成本和周期，从而提升核心业务能力，提升企业盈利能力。精益六西格玛是企业获取竞争力和可持续发展能力应采取的企业战略。

成功实施精益六西格玛的企业数据表明，精益六西格玛可以减少人力资源需求，无论是在产品开发、生产系统，还是在工厂的其他部门，与其他生产模式相比，最低可以减少到1/2；减少产品开发周期，最少可减少到1/2或2/3；生产过程中制成品的库存可以减少到其他生产方式下的一般水平的1/10；工厂占用空间可以释放到其他生产方式的 1/2 以下；在其生产方式下，成品库存可降至平均库存水平的 1/4；产品质量可以提高，员工的能力也可以得到提高。

五、精益六西格玛的 DMAICL 实施方法

精益六西格玛活动可分为精益改进活动和精益六西格玛项目活动。精益改进活动主要针对简单问题，可以通过精益方法和工具直接解决。精益六西格玛项目活动主要针对复杂问题。将精益生产方法和工具与六西格玛方法和工具相结合。自 20 世纪 80 年代诞生于摩托罗拉以来，经过几十年的发展，它已经成为解决问题和提高企业绩效的有效系统方法，即"定义—测量—分析—改进—控制—推广"，称为 DMAICL。

DMAICL 各阶段的内容：在定义阶段，使用精益生产思想定义价值并提出流程框架，在此框架中定义具有六西格玛管理工具的改进项目。结合测量过程管理的现状，将精益生产时间分析技术与测量阶段的六西格玛管理工具相结合。在分析阶段，使用六西格玛管理技术，将技术与精益生产流量原理相结合，分析变化和浪费。在改进阶段，流程和拉动是原则，两种模式中的所有可用工具用于增加、重新排列、删除、简化和合并过程，同时提高特定过程的稳健性和过程能力。除了在控制阶段完成六西格玛管理控制内容外，还应总结实施过程中出现的新问题，以便在下一个周期中进一步完善系统，最后进入推广阶段。

第三章 大数据时代下的企业财务预算管理

大数据时代的来临，无疑为企业带来了信息化的变革。企业通过对硬件平台先进技术的建设，再加上对云计算所带来的强大分析功能的利用，让实时监控成为现实并及时调整战略部署。由于大数据时代，人们可以在第一时间了解到企业的最新动态，在从中找出薄弱部分的同时，有针对性地及时改进，并在最需要的地方及时应用预算管理。

第一节 财务预算管理与企业战略的关系

一、财务预算管理与企业战略的内在联系

我国在近些年里已经加快了会计准则国际趋同的进程，还发布了会计信息化建设与企业内部控制等诸多方面的新制度或新指引，在无形之中促进了我国会计管理与会计国际化的进一步规范；与此同时，管理会计被推向了公众视野当中，一度成为企业与社会所关注的焦点，财务预算管理也因其在管理会计中的基础位置而备受关注。在大数据时代，财务预算管理的发展也迎来崭新的契机。因此，不断搜寻大数据时代背景下企业的财务预算管理发展趋势，无疑具有必然的实际意义。

所谓的企业战略，也就是企业未来起主导地位的决策，其可以在不断探寻

中获取维持企业竞争优势的方式，同时从全局上决定企业重大的筹划与策略。企业实际的目标即为规划，而规划无疑反映财务预算结果。由此可见，财务预算管理和企业战略，这两者存在密切的联系。

（一）企业战略为财务预算管理提供长期的方向性指导

在企业中，其财务预算管理基本方向的确定完全取决于战略要点的选择。而财务预算管理方案不仅体现出企业最具有权威的部门的经营理念，还是对各个部门决策的一种数量化的说明。不仅如此，财务预算管理方案还是制约各个部门责任指标的依据所在。因此，必须确定目标才能持续促进财务预算编制的进行，以此提供有效依据让企业的收入与成本中心，以及利润与投资中心进行目标预算；在执行的过程当中，同时进行刚性化的关联、分析和评价，以此来促使最终预期的结果能够实现。

1.从战略层次分析

在企业中，企业战略决定选择的经营业务，从而引导企业进入相应的领域，并决定企业的发展方向。竞争战略主要是为了选定适合的领域，并与对手展开相对有效的竞争，从而让企业价值实现最大化。职能战略则主要针对企业中的不同职能，如营销、财务、生产等诸多方面，通过不同的职能促进战略更好地服务，以此来有效提升效率。相对而言，财务预算管理就必须以企业战略为指导方向，通过相应的预算编制与执行，经过调整与监控，并经过一系列的考核过程来直接服务于职能战略，无形之中就会对职能战略产生一定程度的影响。

2.从战略管理过程分析

通常一个完整的战略管理过程都包括三个环节或阶段，即战略分析、战略选择、战略实施与控制。

对于财务预算管理来讲，必须深入战略实施与控制阶段当中，并服务于企业战略管理。此时，财务预算管理的第一步就必须根据战略方案的需求，对企业所属的战略资源进行计划并分配，再调整组织结构；同时根据战略目标，通过财务预算进行固化与量化，促进资源在不同经营阶段与不同职能部门的合理配置，获得最佳效果。第二步必须对企业进行战略控制，将信息反馈的实际绩效同财务预算作比较，倘若两者之间存在明显的差异，就必须及时纠正，让监控职能充分在财务预算管理中发挥出来。第三步，如若遇上分析不当或判断错误的问题，或由于环境因素变化导致出现偏差的状况，就必须对其战略进行相应的调整，从而促进战略管理进一步实施，并用于财务预算当中，促进财务预算管理进入新一轮的进程。

与此同时，必须实行全面的财务预算管理。在企业内部各单位中明确各项预算指标体系，从而制定一套客观的企业发展战略依据。

3.从战略目标出发

所谓的战略目标，就是企业在进行企业战略经营活动时，预期可以获得的主要成果，其不仅是企业使命的具体化与数量化，同时还包含了经济性目标与非经济性目标。战略目标以战略导向的财务预算管理为基础，摒弃了会计编制的制约性，同时编制了财务指标体系与非财务指标体系，它不仅注重企业经营盈利的能力，还注重挖掘企业的内在潜力，更注重企业持续发展的能力。纵向观察企业战略目标，可以将其看作一个树形图；横向审视企业战略目标，它是一种根据各领域战略目标，与以战略导向为基础的财务预算管理相对应的财务和非财务指标体系。

（二）实现企业战略目标是财务预算的起点和目的

通常将企业战略作为基础的财务预算管理，都将有助于预算指标与企业战略相结合。其一，企业可以通过明确的战略目标，进行各部门预算计划的编制，从而详细描述出其战略需求与资源投入，以及业务活动安排等诸多方面的内容。其二，整合企业全面预算管理制约下的资源，引导全体员工增强企业内部控制，以此来有效提升管理成效，让战略目标在所有合理的操作之下实现。

（三）财务预算管理是企业战略的实体化和程序化

针对企业经营活动，财务预算管理就是一系列细化与量化的计划安排，其可以按部就班地进行。企业在财务预算管理的帮助下从纵向与横向上进行沟通，从而加深员工对企业整体战略的了解，并促进其积极配合和协作。在企业进行经营的过程中，财务预算管理促进企业进行宏观战略规划，并不断向微观运营计划靠近，将整体战略目标通过局部战术进行相对的指标分解，从而进一步编制财务预算，让战略规划转化为财务预算管理成为现实。

二、基于企业战略的财务预算管理的实际意义

伴随经济全球化的发展趋势，信息技术也在突飞猛进地更新，更多新型的经营方式蜂拥而至，从根本上改变了信息交流的进程。在时下这种激烈竞争中，拥有一个好的企业战略，能使企业应对更多的信息化挑战。对于企业而言，企业战略也起着至关重要的作用，为企业能够长期且稳定地发展奠定了坚实的基础。

（一）财务预算管理是保障企业战略规划得以实现的有效工具

时下大部分企业的财务理论是以目标价值最大化为主的，也就是资本价值避除风险调整之后的最大化。当然，对于目标自身而言，其价值最大化就存在着对风险因素的考虑。不仅如此，风险管理还是治理企业的一部分，它在降低风险的同时还能不断增加企业的目标价值。企业通过交互式的有效沟通与功能调节，在经营活动中利用预算的方式合理规划、预测和监控。运用这种形式的预算管理能够促进企业在制定目标时更加明确，最终企业战略发展可以通过更高的管理效率、更优质的发展质量以及更加有效的资源配置加以实现。

（二）财务预算管理可以更好地防范公司风险

针对这一点，首先要做到的就是利用好市场，促进企业价值的实现，而管

理者就必须凭借市场预测来进行财务预算管理。尽量减少风险或将交易成本尽可能降低，是财务预算管理中的一种潜在机制。通常借助财务预算管理就可以初步了解企业在下一个年度中预计经营的大致状况，通过预算结果可以反映出预测中潜藏的风险点，因此可以及时采取相应的风险控制加以防范，最终及时化解风险。

（三）财务预算管理的机遇

1.增强财务预算管理体系的实际效果

根据当前的状况来看，绝大多数企业在进行预算编制的过程中都缺乏科学性的依据，而且进行数据处理的过程也同样不科学；在大多数情况下都只是依赖于简单的数据处理技术，在预算分析过程中进行较为简单的分析，导致分析结果往往跟实际情况不一致；而由于缺乏系统化的控制体制以及信息化的处理方式，在进行预算控制的过程中就会导致其控制范围与力度并不到位，而且最终效果也并不显著。如今，大数据技术的普及在无形中推动着企业积极创建全面且系统的财务预算管理平台，这样一来，就能很好地解决上述出现在预算管理过程中的各种问题。

伴随着信息化处理平台的出现，企业不仅可以从中获取更多、更加真实的当前数据，还能通过将预算的数据进行比较，制定出一套极为有效的财务预算管理报告。通过这种预算报告，企业就能够及时且有效地进行下一期预算的调控，由此可以形成更加贴合实际状况的执行计划，以及确定其运营目标，还能更加高效地调节并协调各部门工作，促进企业运行效率有效提升。

2.动态化财务预算管理体系

所谓的财务预算管理，就是将企业所制定出来的经营目标，通过货币的形式体现出来，并将企业整体目标分别划分到各个部门与员工之中进行落实。在大数据环境中，财务预算管理人员必须将财务预算管理系统与大数据相结合，才能应对每天产生的复杂且海量的数据，以及那些动态、实时预算的需求。在大数据时代背景下，预算通常都是动态且实时的。而企业在进行编写预算的时候，必须经过审批后再将预算项目存储到云端，当执行运算的时候，就可以利用云端上不断更新的数据，让云会计下的系统同步计算出实际状况与预算存在的差异，并及时做出相应的预算调整。

通常财务预算管理系统在有效的数据分析软件的帮助下可以更加及时地进行财务预算管理，如对位数据分析技术的运用，财务预算管理系统可以利用这一技术更好地支持并分析海量数据，同时也能增强其智能编写能力。对大数据时代下的财务预算管理系统而言，可以先让 IT 部门来制作标准模型与参数表，利用这些同预算模块中的具体数据创建动态联系，然后通过自定义计算功能，让财务预算管理人员实现预算模块每一个数据之间的联系。不仅如此，预算人员也可以通过自己编写、维护或更新业务规律，来促进预算要求更加明确，并更加有效地体现在预算模块当中。

第二节 企业财务预算管理的思路

在市场经济的推动下，大数据时代已经来临。在各行各业当中，数据总量日趋上升，其内容变得越来越复杂化，其规模也随之不断扩大。企业怎样才能从海量的数据当中挖掘出具有价值的数据信息，将成为企业首要的战略决策因素。企业进行数据信息管理，也不只是对数据进行整理与收集，还会在对数据信息进行充分挖掘的同时，在预算管理中运用精确的数据信息，以此降低数据信息的低频性与滞后性，从而保证企业各项经营活动都能有效组织并顺利展开，进一步让企业战略目标成为现实。因此，在当前大数据环境中，企业财务预算管理的变革将是必不可少的一步。

一、建立财务预算管理目标体系

要建立一套完善的财务预算管理目标体系，首先要做的是在企业战略目标的基础上建立企业的财务预算管理目标体系；然后将企业财务预算管理作为前提条件，将企业战略目标作为基础，与时下市场环境相结合，充分掌握企业目前的经营发展状况，并从市场层面与顾客层面，以及生产供应与销售、管理与技术等诸多生产运营环节来进行定性或定量分析；最后在企业经营中促进财务预算管理经营目标逐步实现。必须根据由上至下与上下结合的流程，为企业制订预算方案，并对海量数据进行充分分析，然后通过对数据的优化整合，保证信息集成与共享，最终让预算方案的精确性有所提升。

二、优化并创新财务预算管理的方法

（一）为传统方法提供可靠的数据基础

随着大数据时代的到来和网络信息技术的不断发展，结构化数据日益增长，当进行销售预测时，仅仅依据传统销售数据的统计分析，只能体现出过去客户的购买状况，根本不能准确地预测出未来客户的购买趋势。因此，企业收集网络上大量的用户评论，并将其存入数据库之中，再利用数据挖掘技术从这些数据中提取有用信息，就可以有针对性地对下一代产品进行改进，同时也能为企业指出销售预测的方向。

大数据在财务预算管理方面，可以在大量历史数据与模型的基础上，建立财务预算合理编制和实时执行相应的控制，还可以提供超出财务预算管理的重要依据。大数据在实施责任成本会计的企业中，还可以帮助其完善作业成本管理。ABC 成本法可以对成本进行更加精确的计算，却因其复杂的操作与成本动因的不确定性而不能进一步普及。但会计人员可以通过数据挖掘技术的回归分析，还有分类分析等多种方法来实现成本动因的确定，实现增值作业与非增值作业的区分，让企业可以及时采取措施消除非增值作业，进而实现完善企业价值链的最终目的。

（二）及时响应市场变化

在大数据时代下，企业不仅可以创造出高度细分的市场，还可以通过精准调整产品与服务来满足市场需求。企业的营销部门通常会记住社会媒体信息，然后将以往的抽样分析转化为全数据分析，根据客户的特征细分市场，并逐渐形成现在一对一的营销模式。不仅如此，企业的营销部门还将历史数据的长期趋势预测不断转变成针对突发事件实时处理的反应。由此可以看出，企业通过不断满足客户差异化的需求和提供前瞻性的服务等诸多方式，创建与客户更加亲密的关系。

对于企业未来而言，财务预算管理是对一定时期内的生产经营活动进行相应的计划安排，一般情况下都是将以往的数据作为基础制定预算的。但是传统的成本核算通常是针对企业经营进行加工处理的一个过程，产生于生产过程之后，会计人员必须在一定的时期之内将生产经营的费用总额进行相应的核算，并根据产品生产的实际情况来分配费用。而如今，企业凭借大数据技术就可以轻松地从多种渠道中获取成本数据，再根据实际生产数据分析的情况，制定一套生产工艺流程标准与材料用量标准。

企业营销活动的成败主要在于能否将顾客价值更加精准地判断出来。但现有客户需求存在差异性，竞争企业存在不同程度的随机性，行业技术水平在发展中不断提高，这进一步增加了企业有效预测的难度。而大数据时代的来临与不断推进，促使企业可以逐渐进行更加精准的预测。尽管大数据时代会为信息带来巨大变革，海量的数据也促进财务预算管理不断趋于量化，但大数据时代下的营销决策，无疑是数据驱动决策的一个重要特征。

三、加强信息化管理

要增强信息化管理就必须做好以下几点：

第一，必须统一规划财务预算管理制度，在企业资金流动加速的同时，提升运营管理效率，从而促进统一化的核算与管理，并最终使资金分配目标成为现实。

第二，必须明确在大数据时代中，改革财务预算管理的发展方向是财务共享，其可以借助互联网与信息技术的发展趋势，从不同地点或不同企业中进一步将财务数据与财务业务进行整合与共享。

第三，必须创建一套财务共享体系，将企业各部门或各层级的业务功能集中处理，并促进企业实现规模效应。

四、实施动态财务预算管理

所谓动态财务预算管理，指的是将企业战略作为导向，由上至下对企业进行财务预算管理的一种模式。这种模式打破了企业传统财务预算中的固有定位，促使企业实现集中管理，并通过重新定位企业预算管理工作，建立相对长、短期战略规划的实施系统，这不仅为围绕企业战略目标进行资源配置奠定了基础，还有助于企业战略目标的实现。

由此可见，企业要想顺利进行动态财务预算管理，首先必须加强对价值链的分析，从而确定动态财务预算管理的思路；其次利用平衡计分卡、ABC 成本法和经济增加值等各种方式进行对应的评估，在确定了战略制定、执行、评估等每个阶段的需求的同时，利用云平台与财务共享中心对企业的销售渠道、供应商、企业内部价值链和竞争对手进行实时的预算分析；最后创建更加完善的财务预算管理体系，让信息更加及时且有效地传递与反馈，并不断完善企业的运营流程。

不仅如此，企业还可以将平衡计分卡与作业基础预算（Activity-Based Budgeting，ABB）相结合，增强对作业基础预算的考核与控制，并利用定性与定量分析结合在一起的考核方式，进一步确定财务指标与非财务指标所产生的影响，保证企业的长远发展。

除此之外，还可以通过以下三点来简单分析动态预算管理：

1.通过编制预算明确企业经营风险目标与风险承受能力

目前，企业一般都是通过经营计划的资源配置，以及发展战略与年度经营目标，来确定将要承担的经营风险范围和对风险控制与化解的方法。在及时预测并防范风险的同时，企业根据上下结合与分析编制及逐级汇总的程序，进行年度财务预算的编制。

所谓经营指标，主要指的是任免经营者的基本条件，该指标对企业经营资格的获得极为重要。因此，企业在进行预算编制时，一般都会将预算提高，同时建立一套适用于理想预算目标的措施，以此来提升预算审批部门的信任度。尽管预算编报单位十分清楚如何定位，但由于不对称信息等诸多因素，管理层不能提出一套合适且可行的方案。

也正因为如此，在进行财务预算编制的过程中，不仅要将企业战略目标更加细化与数据化，还必须提前预想到在经营过程中会出现的风险，并适当添加一些可以控制风险的过程性指标。另外，必须进一步分析年度经营结果，并根据风险因素更加精确地进行定量分析；对于那些不能进行定量分析的风险因素，可以对其进行定性描述。最终，再确定企业应当运用什么样的对策与措施来进行上述风险的分析与描述。

2.落实风险监控点与具体责任人，加强预算执行力度

企业在进行财务预算编制之后，首先必须在各部门与岗位，或者各个员工当中分解下发。一般情况下，企业财务预算都是由总部与各部门经理签订预算合同，再由部门经理将合同逐层下发到具体的预算执行人手中。其次必须用文件的形式规定权限与程序，进行审核批准之后将企业预算指标逐层分解，并在

企业内部各部门与岗位，或者各个员工当中落实，同时保证预算的刚性并规范预算执行。只有这样才能明确预算目标，同时确定所要采取的风险监控措施，以及风险控制所需的程度。

由此可见，企业在执行财务预算管理时，可以对不同部门、不同岗位，乃至不同员工下发预算指标，从不同层面与角度更好地控制企业经营中存在的风险。

3.预算与绩效管理相结合，建立考核激励机制

绩效管理是预算管理的基础，企业将预算与绩效管理结合，对各部门与员工进行考核，能够真正做到"有章可循、有法可依"。目前，在财务预算编制中最为重要的一点就是预算执行结果的考核与激励。因此，企业必须严格执行预算考核奖惩制度，必须将公正、公开的原则坚持到底，让奖惩制度落到实处，以此促使企业财务预算管理目标早日成为现实。由于必须创建并实施绩效考评制度才能实现绩效考评控制，企业因此一般都从科学的角度来制定考核评价指标体系，并将考评结果作为依据来确定企业员工薪酬以及相应的职务晋升、评优或降级等各项事宜。

第三节 大数据对财务预算的影响

在传统的财务预算管理体系中，由于没有高效地挖掘与使用大数据，企业并不能充分发挥出其价值。然而，伴随着大数据时代的到来，财务预算管理也随之有了新途径、新工具和新方法，这无疑使企业财务预算管理系统可以更加顺利、高效地运行。目前，企业可以通过大数据对信息进行相应的筛选与分析，并利用大数据的可视化或信息化从整个产业链中洞察现状，从而制定出一套契合实际且可行的预算决策与经营策略。

一、大数据对预算基础数据的影响

随着信息化的不断推进，大数据在数据规模上所提供的数据支持，早就已经远远超出了传统数据，而且其所传递的数据信息也更加准确。从数据类型上看，大数据除包含传统预算中的财务数据之外，还包含音频与视频、地理位置与实践范围，以及温度与湿度等各种数据信息，对其进行挖掘，可制定更加全面的预算；从数据更新速度上看，由于大数据具备了实时采集和实时更新的特性，与传统数据相比已经远远超出了限度，因此，企业可以让预算实时控制与调整成为现实，从而让数据信息的滞后性与信息的不对称程度有所降低；从数据关系的挖掘角度上看，大数据在进行数据分析时，除了分析表面现象，还可以挖掘不同数据之间存在的关系，从而发掘潜藏在数据表面之下的信息，以此来提供进行预算编制的新思路。

二、大数据对企业预算编制的影响

目前，企业的预算编制水平可以通过大数据来提升。在传统的企业中，不管是预算计划的制订还是预算审批的展开，都是通过人工来管理的，这种方式不仅增加了企业预算编制所耗费的时间，还会造成预算编制的准确性和实效性下降。由于大数据时代的不断推进，企业可以通过互联网来实现信息资源共享与信息集成，这无疑为企业应用上下相结合的预算制定方法奠定了基础。企业不仅可以利用互联网平台制定财务预算目标，还可以将财务预算目标和诸多数据资源相结合，以此来保证在预算编制过程中所需的参考依据。除此之外，通过不同信息平台，企业内部各部门将从中获得更加复杂多样的预算政策与规定，在结合企业需求的前提下，制定出新的企业预算方案；同时，把企业预算方案传到企业内部的信息平台上，最终达到降低预算时间的目的，让编制效率有所提升。

当前，大数据在数据范畴中一般所能掌握的数据较以往更多且更加准确，在编制预算的时候也会更加精确，与此同时，其还可以实时更新数据，从而第一时间掌握行业内的资料。然而，由于数据的多样性，大数据除了包含传统预算中的财务数据之外，还包含音频与视频、地理位置与实践范围，以及温度与湿度等各种数据信息。因此，在进行数据提取时，可以通过对各种数据关系的探究，获得潜在数据表中的重要信息，以此来提供一个供企业财务预算使用的新的思维方式。

一般情况下，传统的企业预算都是可以利用预算执行的反馈结果来编制的，再进一步由上至下传达与执行，但是这样一来，不单单只是让预算的准确性受到一定程度的影响，同时还会导致预算的执行效率大大降低。在大数据时代下，企业可以先从数据平台中获取财务等信息，然后再进行编制预算，在合理预测下一年度的预算信息之后，就可以在预算编制过程中，通过大数据平台中的各种信息做出实时调整。因此，在企业运营过程中，财务预算管理体系可以将预算编制的作用发挥到最大。

三、大数据对企业预算流程的影响

如今，由于企业经营时期的市场需求可以通过企业财务预算管理的开展反映出来，因此，企业将现有的资源与经营发展目标作为基础，就可以建立起与企业经营活动相对应的预算目标，以此来确保企业的全面控制，同时及时调整企业内部各部门之间的经营活动。换句话讲，对企业资源采取规范管理的手段即为财务预算管理，其可以确保企业能获取更多的经济效益。

大数据主要依赖计算机技术的使用。目前，在各个领域中，数据的增长量逐渐增加，并呈直线上升的趋势；其复杂程度也随着数据量的增加而更加复杂多变，并呈现量化趋势。因此，对于财务预算管理而言，大数据不仅可以确保企业战略目标的实现，还能支撑企业的战略发展。在大数据时代，大数据为财务预算管理的开展提供了坚实的基础。

在传统的预算流程当中，由于并没有创建一个有效的信息化互通平台，企业在标准化控制方面有所欠缺，往往会有审批进程较为缓慢或繁杂的状况出现，导致在控制层面上的预算流程会有一定的偏差。但是，大数据让企业可以依赖互联网平台，将企业内外部环境的多重数据全面利用起来，从而建立一个相对更强的分析模型，以此来确保预算管理流程与内外控制制度更加完善。与此同时，企业再利用分层级的定制化服务满足业务上的需求，并将标准化流程渗透到信息化系统当中，最终达到财务预算管理流程标准化的目的。

四、大数据对企业预算执行的影响

传统的预算过程在某种程度上会造成企业信息技术在相互联系方面的效率低下，进而导致规范化管理的短缺、预算流程的烦琐，以及后续审核缓慢等诸多方面的问题。

企业应用大数据之后，就依附于互联网平台，一方面充分利用了数据的内部环境，创建战略分析模型与优化内部管理，在信息系统治理的过程中实现高效的财务预算管理；另一方面在预算执行与调整的过程中，不断提升企业自身的数据管理能力。企业由此尽可能地降低人为因素在预算过程中产生的影响，最终相对降低风险，进而精确地掌控预算的下达与执行，以此来确保预算执行效率提升。

五、大数据对财务预算管理体系构建的影响

在传统财务预算管理体系中，企业收集数据的方式存在一定的局限，获取数据的类型也相对较少。由于存在数据获取途径的局限性与所获取数据类型的单一性等问题，企业在建立财务预算管理体系，以及使用平衡计分卡与资产负债表系统的过程中，对平衡计分卡财务与运营模块的运用就只会局限于各类财

务指标的堆砌与定量分析上。而就客户模块与成长模块的了解程度而言，也仅仅只是用日常监测、问卷调查、访问定点等局限形式来对客户与员工满意度进行分析等，这造成分析结果过于薄弱，且主观性较为强烈，会轻易地遭受人为控制。这无疑会增加信息的不对称性，从而使分析结果的可靠性降低。

然而，在大数据时代下，利用平衡计分卡就可以让企业获取更多的数据，可使用的数据类型也会因此而更加丰富。例如，那些可应用在财务模块与运营模块中的产能利用率以及其产品生产周期与合格率等多种数据，还有可应用在客户模块与成长模块中的客户与员工的经济行为或者言论与习惯等诸多数据。可以通过对上下游企业经营行为的相对分析，来确保订货周期与销售周期更加具体，再利用对资金链上投融资人需求的分析，制定一套更加合理的投融资计划；还可以通过对客户与员工行为的相对分析，制定更加合理且有效的产品设计及推广策略，让企业文化建设更加完善。

目前，企业通常都是借助信息节点管理与实时反馈，在建立财务预算管理体系的过程中，利用实时的数据平台让信息更新速度加快，增加信息的透明度；同时，通过战略的需求，利用财务预算管理动态调整以及对所有业务活动进行偏差与资源的配置，及时完善预算流程。

传统的财务预算管理实践通常都只是聚集在企业内部数据中，由财务部门独立完成，这就会导致一定的内部数据局限化，以及出现分析结果相对滞后等各种问题。如今，在大数据时代发展的推动下，企业建立了预算管理数据中心和相应的数据管理处理中心，这样不仅可以促进企业对众多数据进行共享和多层次分析，同时还可以让企业中的横向行业数据同纵向历史数据相结合，使企业的数据既全面又充分。如此，企业财务预算管理可以真正运用到企业当中。

六、大数据增加财务预算的弹性

（一）提高滚动预算结果的准确度

时下，大数据能够更好地应对繁杂多变的经济形势，滚动预算也在不断促进企业经营效率的提高。利用大数据来进行实时滚动预算，不仅可以在经营中演示整体的运行效果，还能够有针对性地对市场、成本和人工进行合理控制，让估算在外部数据分析的帮助下更加有效地与市场相结合，以此来确保信息获取的可靠性，从而防止由于数据失真而导致预算失效，使预算可以发挥最大的作用。

（二）拓宽滚动预算的涵盖范围

与传统的滚动预算相比，大数据时代下的滚动预算非付费范围会更大，预算时间会更短，这无疑会提升运营风险意识，从而加大对数据处理的关注度。这样一来，企业管理层就能更多地利用市场，根据市场的反映情况来进行滚动预算的编制，使企业的分析视角更加广阔、更加趋向于外部化。

（三）改变滚动预算的功能

传统的财务预算管理主要从两个模块来进行区分，即预测计算和能力管理。企业一般都是利用预测计算来分析经营现状并确定未来经营动向，相对增加管理与内部节制，再利用内部的数据来进行处置，通过内控来提升经营效率。而在大数据与互联网平台结合的情况下，企业利用其产生的强大数据进行滚动预算，不仅可以有效处理数据，还可以找寻出更有利的标准化模式，获得更加科学的管理手段，从而既提升运营效率又降低成本；同时，还有利于鞭策企业成长，帮助企业定位自身在整个数据生态链中所处的位置，进而能够实时地调整运营战略。因此，利用大数据来进行滚动预算的编制，既使得以市场为主体的营销运算形成了阐发模式，又促使其预算结果更加趋向于市场需求。

第四节 大数据时代下财务预算管理体系的构建

目前，企业在大数据环境中必须建立相应的大数据管理中心，以此来负责大数据的采集、筛选以及分析工作，同时还要积极参与制定战略目标与预算编制，以及预算执行、预算评价和预算调整的闭环财务预算系统当中，以此来提供更加全面且高效的数据支持，并进行全面的财务预算管理。

传统的财务预算管理模式通常都存在预算编制相对不严谨、执行过程不流畅的问题，其评价体系也存在一定的漏洞，这导致财务预算管理无法同企业战略目标相结合，最终不能达到预期的财务预算效果。但在大数据时代下，财务预算管理体系可以从实时性与数据多样性等诸多方面着手去完成其与信息技术的结合。故而，企业在优化传统财务预算管理体系的前提下，将财务预算管理放在大数据环境中进行分析，必定能建立一个新的财务预算管理体系。

第一，通过大数据所提供的行业发展水平数据与企业发展水平数据，以及对产能利用率等各个内外部数据的 SWOT（Strengths，Weaknesses，Opportunities，Threats，优势、劣势、机会、威胁）分析，来确定企业总体的战略目标；第二，通过信息化平台将总体的战略目标传达至各部门，各部门再利用大数据管理中心所提供的相关数据进行预算分析；第三，通过信息化平台及时反馈各部门的预算，再由预算中心根据各部门的预算，对总体预算进行相应调整并做出最终的决定。

一般情况下，企业的财务预算管理都会将企业性质作为基础，通过制定目标与方案，将预测、监督融为一体，从而保证复杂化的管理活动顺利进行，这在某种程度上能够帮助企业更加有效地进行资源配置。财务预算管理必须考虑成本费用的问题，以此来确定预测资金与利润的需求，进而使企业战略目标得以实现。但是企业在实际的财务预算管理过程中，在绝大多数情况下采用的都是成效并不明显的综合财务预算管理方式。这一问题的出现，就决定着企业必须利用信息技术来建立一个综合的财务预算管理系统，以此对预算编制与预算执行进行调整，对预算评价等各项工作进行优化，进而达到财务预算管理与企业管理充分且有效的目的。有理论学者就曾在大量的理论与实践的基础上，将财务预算管理和信息技术融为一体。不管是与 ERP（Enterprise Resource Planning，企业资源计划）系统结合创建财务预算管理系统，还是利用 Hyperion 数据对财务预算管理模型进行假设，都在财务预算管理中起着至关重要的作用。

一、预算编制体系的构建

（一）构建预算目标

在企业预算编制中，企业预算目标的制定起着十分重要的作用。也就是说，企业预算目标是企业预算编制的关键所在。财务预算管理就是为了让企业资源都能被最大限度地利用，以实现企业的战略目标。通过预算将战略目标具体化地实现，同时形成更加有效的财务预算管理，都取决于一个准确且完整的预算目标。

在大数据时代下，企业可以在制定战略目标的前提下，通过信息化平台，从多个角度来分析企业内外部环境，保证企业预算目标更加精确和完整，同时利用预算目标的编制与执行，对企业财务预算管理过程进行规范。

（二）规范预算编制流程

目前，财务预算管理模型在以信息化为基础的条件下，可以凭借互联网技术对预算组织结构及时进行调整，然后根据企业内部不同部门的需求编制预算方法。传统的预算编制通常都是以由上而下，再由下而上的方式来对预算流程进行编制。但在大数据时代下，企业可以凭借信息化平台重新构建并完善预算编制，这一方式基本上是针对预算过程中不同的预算方案，或预算项目等诸多方面来进行的。

与此同时，企业可在制定下一阶段预算目标时，利用预算数据的反馈信息进行相应调整，尽可能减少一些不必要的环节，将串行转化为并行，让预算流程更加顺畅，使预算流程编制的运行质量大大提升。这样一来，企业不仅能让预算编制在有效推进下成为现实，还能在无形中使预算编制流程更加严密，最终使企业经济效益获得保障。

二、预算执行体系的构建

就预算执行体系而言，大数据实时地为企业提供了更加便捷的条件，当企业开始进行各部门预算执行工作时，大数据管理中心也开始对所有预算执行的数据进行采集，并对其进行实时监控与分析。如此一来，与原本预算不一致的差异现象一旦出现，企业就可以及时对差异的原因进行相应分析，并及时反馈，各部门再通过将反馈回来的数据与实际的情况相结合，第一时间进行相应的调整；同时，将这部分反馈数据传达至相关部门，以避免部门之间出现信息不对称的情况。

财务预算管理模式一般利用 ERP 系统进行创建，当通过财务预算管理制定企业战略目标时，就可以实现实时监控。在凭借互联网形成的闭环管理系统中，各个主要部门通常会形成有效集成，主要包括采购部门、财务部门、销售部门和人力资源部门等，这样就能在不同的预算执行部门中实现全面监督控制与信息的及时反馈。

一旦市场大环境或政策出现变动，大数据管理中心就会根据变动现状，及时反馈给财务预算管理部门与预算执行部门，促使这些部门及时做出适当的调整；如果数据的差异性相对较大，或者发生突发情况，再或者经营环境出现异常，大数据管理中心也会及时地做出相应的预警提示，以便各部门可以更加及时地进行相应的调整。

（一）预算审批

就预算审批而言，第一，必须对风险的节点进行严格控制，并明确划分好责任；第二，必须防止或减少重复审批或越权审批状况的发生。不仅如此，还要在充分利用大数据的同时，让企业在整体预算审批过程中增加公开透明度，并实时监控预算审批的全部流程，以此来应对可能会出现的突发情况；再利用审批权限中的转移方式将意外状况发生的概率尽可能降至最低，保证可以顺利通过预算审批的全部流程。

（二）预算控制与分析

在财务预算管理工作中，预算控制是必不可少的一项，其可以直接影响预算执行的最终效果。在大数据时代下，财务预算管理无疑对企业项目管理的环节起着预算控制的作用，不仅如此，还可以使预算分析工作在整体流程中展开。但是财务预算控制在一定程度上与财务控制细节的定义存在着差异，必须凭借重点监控的方式才能实现预算目标，并应对较高的风险。因此，一般情况下，企业会以监控简化的方式来进行风险较低且相对简单的环节中的成本控制。

（三）调整预算

在大数据时代的推进下，企业财务预算的准确性和及时性等诸多方面都有着不同程度的改善。由于企业目前还不具备完全掌握数据信息的条件，且相关预算人员的主观意识还有待提升，一旦遇到一些无法避免的情况，就会导致预算编制等环节受到影响。因此，企业预算必须根据出现的问题进行相对应的调整，并及时提出反馈建议，以此来尽可能地将风险降至最低。

在进行预算执行的实际过程中，企业通常都会将预算目标作为基础，并及时采取措施针对产生的风险或出现的问题进行调整，保证企业可以进一步实现预算的目标。不仅如此，企业还必须找出导致预算执行与预算目标出现差异的因素，及时调整不合理的预算目标，并在一定时间内通过互联网平台将其反馈到相关部门当中，最后监督预算执行进程。针对那些可能产生预算差异的节点，企业必须及时对相关数据进行跟踪并指定负责人，以此来为企业提供进行绩效评价和优化监督措施的有效依据。

三、预算评价体系的构建

财务预算管理当中最突出的一个特点是将企业中的日常业务与财务预算管理相结合，继而形成一套预算管理体系，其主要包括战略目标、财务预算和绩效管理。其中，用以确保预算编制与执行能够顺利进行的前提条件即为预算考评体系。拥有一套好的预算考评体系，不仅可以让各部门将积极性发挥到最大限度，还可以使预算流程控制得当，并保证预算管理体系可以有效实现企业总体的战略目标。

在企业预算评价体系中，最为关键的一项就是对预算考评体系的创建，其可以借助平衡计分卡这一考评方法，从学习成长、商业过程、客户和财务这四个层面对财务预算管理进行考核。而对企业所有部门中全体员工的考核，则是考评体系中尤为重要的一点。在当下，由于互联网平台的不断普及，企业可以及时更新并实时监控预算动态数据，再将其与平衡计分卡中的多个维度相结合。因此，以预算评价体系为前提的企业员工考评将会更加客观、全面；同时，还能根据不同部门的不同需求，及时调整指标的数量与权重，促使预算评价体系更加合理有效，并将员工的积极性激发出来。

在预算期末进行的预算评价考核通常都会划分成两个部分，即预算执行过程评价和预算执行结果评价。

（一）预算执行过程评价

目前，在执行预算的过程中，大数据管理中心会对企业中的每一项活动过程的数据进行实时采集。因此，可以在预算执行过程中对各项数据进行评价，并将预算执行的情况与执行效率相结合。例如，利用预算的实施情况来分析预算的完成周期、预算的可行性，以及各部门预算执行能力等；还可以利用预算执行之前的各项调整记录，或者突发事件的处理数据，来分析企业的预算执行调整能力和危机应变处理能力，以及其预算预警机制与适时调整机制是否较为完善，进而提供更多的数据依据，以此来进行接下来的财务预算编制调整。

（二）预算执行结果评价

一般情况下，企业会从平衡计分卡的四个层面来对预算执行结果进行评价，主要有学习成长、商业过程、客户和财务四个层面，分别将四个层面指标的执行结果与预算目标进行对比，分析其中的差异；同时，将其与行业平均数据和企业竞争数据进行相应的比较分析，从而获得预算执行效果的最终评价。

平衡计分卡提供了更加可靠的数据，以支持整个全面预算体系可以更加有效地运转，继而让全面预算管理的效率有所提升，同时获得更加准确且完整的评价结果。只不过因此也会导致数据的使用者和数据管理系统遭受更大的挑战。尽管大数据时代下的数据已经将其潜在价值最大化地挖掘出来，但庞大的数量规模致使其数据价值的密度相对较低，此时就要求数据使用者自身具备十分强大的数据挖掘与分析能力，从而获取真正对企业本身具有价值意义的数据。显而易见的是，数据管理者面对这样的形式必须具备极强的逻辑思维，并从海量的数据当中深入挖掘，获得更多来自不同类型数据之间的复杂联系，以此提供更有价值的信息为企业所用。不仅如此，还必须使数据管理系统具备更加强大的实时更新能力，第一时间将最新数据采集来，并将大数据的价值在全面预算体系中充分发挥出来。

第五节 大数据时代下财务预算过程应注意的问题

一、财务预算编制应注意的问题

目前，大数据环境存在一定的不确定性，而中长期均衡也存在一定的负面影响。因此，从财务预算管理角度来看，企业管理者必须制定出相对长期的企业规划，而绝不只局限于年度预算。实施财务预算管理最大的作用就是能够对企业经营现状和未来经营成长进行合理判断与预估。在财务预算管理框架之下，资源配置是战略规划的核心所在，其主要是将核心竞争力发挥作用的程度及能够运用的强度作为依据，进而运用相对明确的财务指标，以及其他战略方案的资本报酬率来确定评判标准。

如果将预算同战略规划作比较，其通常都是利用财务或非财务术语进行表达，对期限相对较短的企业经营结果进行评估，最终预算目标将会成为业绩评判的基础。预算是如今企业管理控制中被广泛应用的一种手段，其首先要做到的就是和企业总体战略与职能相互适应，并和各个管理层及其特性相结合。预算编制必须充分体现企业的经营管理目标，并明确责任。当进行预算执行时，随环境的不断变化应及时做出相应的调整，从而让预算更加贴合实际情况；同时，及时或定期反馈预算执行的情况。

如今，绝大多数企业已经对财务、采购、销售与人力资源，以及生产与库存等各个系统都做出了相应的集成，从而打破了企业内部的信息壁垒，形成了一个共享的数据平台，为企业管理层的决策提供了数据支持。大数据时代的来临，促使财务信息化呈现新的趋势，并不断推动企业信息化管理平台的创建。企业财务预算管理的发展趋势是其将被预算信息化管理平台取代，企业财务预算管理工作由此将有所改变。然而，将预算信息化管理平台与大数据的特征相结合，就形成了一种动态业务系统，其可以随时反映企业预算执行现状，并生成预算分析报告。从财务大数据来看，跨部门共享职能可以成为现实。并且，预算编制人员可以通过预算全面获取第一手数据，从而及时了解企业经营现状与战略目标的关联效率，最终科学地制定出相对短期和相对长期的预算目标。

财务预算管理的实施通常都以分配、考核及控制为核心内容，其主要针对的是企业内部各单位以及各部门的各种财务和非财务资源，从而更加有效地组织与协调各项生产经营活动。在大数据时代下，企业一般都是利用大数据管理中心的创建，来应对出现在财务预算管理中的各项问题。大数据一般以企业的历史数据为基础，依据企业目标利润制定符合各项生产的指标，再利用预测生产量或销售量等各项关键因素，为企业未来特定的时期制定相关的各项生产活动计划。企业可以通过大数据管理获得当期的实际数据，并将其和预算数据进行对比，生成相应的预算执行报告。企业管理者可以凭借预算执行报告进一步调控下一期的执行计划，制定出科学且合理的经营目标，再进行各部门生产活动的调控，达到对企业日常经济活动有效监督与控制的目的，并完成各部门业绩情况的考核工作。

二、财务预算执行应注意的问题

目前，企业的财务预算管理不单单只是局限在对企业运营成本和生产成本的控制上，其更需要实现企业资源的科学配置。在企业中，成本是其生存的关键所在，因而必须将成本控制得当；不仅如此，成本也在企业利润中占据着至关重要的地位，而财务预算管理就是控制成本的一种重要的手段。财务预算管理让企业实现了对资源的分析与配置，还可以精确地计算出应当计入当期成本中的费用，以及所转移的生产资料的应有价值，从而让企业中的财务状况更加符合规范。

在大数据时代的不断推进下，财务预算管理不断扩充领域与范围。很多曾经与传统财务预算管理并不相关的业务和内容，如今被大数据时代的财务预算管理深入其中，这种现象被称为综合财务预算管理。由于有大数据作为综合财务预算管理的主要支柱，一方面，企业可以利用大数据来对内部各个数据进行采集和挖掘，再让财务管理人员通过这些数据进一步掌握更多全面、有用的信息，这些信息有利于企业更加深入了解生产经营活动的状况，从内部了解所要面临的风险，让企业能够正视现状并充分把握未来；另一方面，财务预算管理人员在对相关数据进行分析的过程中，可以借助大数据及时洞察企业在生产经营活动中出现的异常现象，并及时传达给企业管理者，让其可以尽早采取相应的措施，以此尽可能地规避各种风险，并降低损失的可能性。

大数据时代的来临，使财务预算管理的领域与深度不断扩展。以企业所处的国内外形势、行业的现状与前景、企业的竞争能力、产品的价值优势、企业有形或无形的资产，以及企业财务状况为起点，财务预算管理对企业进行更深层次且更加精细的分析与评估，做到了真正意义上的知己知彼。

在大数据时代下，信息化以突飞猛进的速度不断发展，而对于企业财务预算而言，其不但要承受大数据环境中外部信息交换所带来的各种压力，还必须正视内部信息交换处理所遇到的各种问题。由于大数据的不断推进，数据高度分散且非结构化，这就对财务信息化，以及财务信息与业务信息的内部配合提出了更高的要求。同时，大数据又有助于快速地创建分析工具，使高精准的成本分析和生命周期分析成为现实，为企业生产的不断发展提供更加有效的信息支持。尽管如此，大数据也会产生企业内部信息滞后的现象，有时甚至还会造成信息的混乱，因此，怎样利用好大数据是企业财务预算管理的关键所在。大数据技术提供了确定成本动因与精确计算成本的可能性，使针对结果的分析转变为基于过程的管控得以实现。财务预算管理人员可以及时采集相关数据，并利用控制系统对其进行成本分配及成本构成因素的分析，实现成本控制的在线化与过程化，并让业务活动得到实时评价。此外，大数据分析还要求企业投入大量的软硬件设备。面对如此海量的非结构化数据，企业要想加快有效分析数据的速度，就必须拥有一个复杂的数据分析系统，这需要相当大的经费投入。

三、财务预算考核应注意的问题

当下，企业必须将企业价值作为基础来进行财务预算管理，并建立基于价值链的财务预算管理体系。

第一，必须将战略目标作为导向，将战略目标从更长远、更综合的角度逐层分解，并在具体的业务规划中落实具体的责任中心与经营期限，以此让战略目标具有可操作性。

第二，必须在价值活动中进行围绕增值活动的财务预算管理，并找出增值活动中关键的驱动因素，再针对企业关键的资源配置开展增值活动。

第三，在财务预算管理中，不仅要在每个环节覆盖价值链，还必须充分体现不同活动之间的业务逻辑，并强调业务驱动的预算，最终使财务预算的闭环管理成为现实。

第四，财务预算管理必须紧跟企业的经营环境，以及价值链上各项活动的动态变化，对预算或业务活动及时调整，以此来保证战略目标能够顺利实现。由此可见，预算控制是通过预算确定以财务指标为主的一系列财务战略目标，再将其作为依据，对执行结果进行评价的控制过程。这种形式的组织内部控制机制不仅具备了会计数字管理的特征，还集中体现了财务预算管理的权利与功能。

如今，在大数据环境中，财务预算管理可以帮助企业实现战略、业务、财务和人力的协调发展，且是目前极其有效的方法。由于在战略管理和财务预算管理之间存在互相促进的关系，因此，基础数据在财务预算管理的实施过程中也起着至关重要的作用，若基础数据不准确、不透明、不对称或不集成，则整个预算过程就会成为无源之水，获取准确信息就会极为困难。

在大数据环境中，财务部门的定位将会从根本上发生改变。大数据尽管有利于企业价值的提升，但对企业的传统盈利模式提出了挑战，在新的形势之下，部门的角色定位也因盈利模式的改变而面临着难度更高的挑战。企业财务部门的定位由于大数据时代的影响，已经从原本的成本中心逐渐转变为利润中心。共享服务中心的创建，不仅有助于资金的集中管理，还能让财务部门在企业内部拥有话语权。

第四章 大数据时代下的企业财务投资管理

随着大数据的不断推进，企业在市场中面临的竞争日益激烈。同时，大数据为企业提供了海量的数据，支撑其进行相对合理且科学的投资管理。在企业当中最为关键，并能做出决策的内容之一就是投资策略。为了让预期的投资目标成为现实，企业会利用某些特定的程序，并结合科学的理论、方法和手段，对投资活动中的重大问题进行相应的分析与判断，并选择符合的方案，来提升投资决策能力。

第一节 投资项目与项目管理

一、投资项目的特征

所谓投资项目，是指投入一定资金用以获取预期效益的一整套技术经济活动。投资项目就是投资与项目的结合体，其主要包含以下四种特征：

（一）一次性

任何一个投资项目都具备一个独立完整的特定系统，具备一次性的特征，与常规性的投资活动存在一定的差异。一般情况下，在这个系统中都会存在特定的内容与使命，绝不会与另一个系统重复。从本质上看，投资项目是一种个体化的系统，而项目管理的主要任务是对这种投资项目中特定的系统有所认识，并对其进行鉴别与界定（一般都是针对其范围与内容，以及目标与限定条件等来进行）。

（二）目标性

这种特征会导致投资项目的成果性目标与效率性目标很难结合为一体。换句话说，只能对成果性目标与效率性目标同等看待，将二者归结为经济效益目标，这是因为在投资项目中，其主要目的就是达到两者最佳的适应效果，不能偏向任何一个或单纯强调某一个。因此，在项目管理中就必须同时注意两点内容：第一，必须在保证项目合理功能的前提下，将投资尽可能地降低；第二，必须让项目在一定的投资前提下，尽可能地提升合理功能。

项目的使用功能与项目的运营效益通常不同，主要是为了将项目投资效果反映出来。一般的投资项目所涉及的领域极为广泛，而参与其中的主体也相对较多，是专业性能相对较强的复杂活动，落实投资目标就有些困难。如果不能落实投资目标，过程中就会出现变化或误解，也可能会产生失真的情况，这无疑会导致投资失控。因此，必须将目标明确并简单化，使其易于理解并落实；不仅如此，还必须及时地检查、评价并落实项目管理的责任，从客观的测度方法和用户标准出发，避免主观随意性或猜测性。

（三）周期性

投资项目有明确的起点与终点，在整个过程中还存在阶段性变化的特征，通常被称为项目的周期性。这是投资项目与持续性投资活动的不同之处，也是最主要的一个方面。

（四）限定性

任何投资项目都具备一定的限定条件，一般有时间限定、投入资金限定，以及质量标准限定等。在一定的限定条件下，项目目标才能实现。当然在不同的投资项目中，限定的条件也会略有不同，而限定的尺度也会略有差异，此时管理者就应当灵活并有重点地对投资项目进行相应的管理。

二、项目管理思想和项目管理方法的主要体现

（一）投资项目前期市场需求管理的基本思路

在投资项目前期，市场需求管理的基本思路就是积极运用市场经济规律，根据科学的方法，针对投资项目前期的拟建阶段，分析投资项目的主要需求，进而系统、认真地对相关需求的各种表象进行调查与分析，以及预测与管理；通过研究项目，拟定未来满足市场需求的载体如何进行管理活动的营销方案，以此来实现市场需求管理，制定投资项目前期的拟建规划。由此可以看出，市场需求管理的关键就在于最初对市场需求的认识，必须在探索、分析及选择相关需求等基础上，从认识市场和发现需求出发，利用市场细分进行相应的需求选择，进而有针对性地确定具体目标在市场中的特定需求，将满足需求的产品或服务作为载体进一步实施市场管理，实现需求双方共赢、社会平稳、可持续发展的终极目标。

（二）制定目标

项目管理目标的制定一般都会从四个方面的要素来考虑，即项目的范围、时间、质量和成本。项目是在一定的范围之内，在一定程度的制约下，通过一定的时间、质量和成本来完成的一项工作任务。如果项目范围内的工作能够通过 TQC（Total Quality Control，全面质量管理）来完成，那么这个项目就完成了。

（三）分解任务

任何形式的项目，不管是否繁杂，都可以进行相应的任务分解。一般都会将一个较为简单的或复杂的项目系统逐层分解，直到不能或不再需要分解为

止，再利用 WBS（Work Breakdown Structure，工作分析结构）图将这些体现出来。任务分解不仅可以将一些较大的项目系统逐个转化成小的任务单位，还可以将一些较为复杂的问题变得简单，让事情更加具体化且明确化，从而对该项目所要实施的具体工作更加明确。

（四）分配责任

在企业中，一件事通常都是需要一个团队共同完成的。因此，管理者针对这一点，首先必须善于利用人力资源配置，让任务可以更加明确，并让每一个员工都能充分发挥主观能动性；根据权责明确的原则，确保每一个人都可以在每一件事情中被分配到具体的工作，只有这样才能大大提升团队协作能力与团队绩效。用 WBS 图将工作的先后顺序与相互关系表达出来，并从中找出关键的工序与路线。通过对计划的不断改进找出一个最佳方案并加以实施。在计划执行的整个过程中，利用有效的控制与监督，就可以合理地确保人员或财物的使用，使项目最终可以按预定目标完成。

其次，估算项目的时间、成本和质量。一般都会运用 Gantt 图（Gantt chart，甘特图）来进行简单的时间或进度安排。Gantt 图是由美国的管理学家亨利·甘特（Henry Gantt）率先提出的，也称横道图，主要用来标注任务的名称，以及任务开始与完成的时间。Gantt 图可以很好地将任务罗列出来，达到任务计划一目了然的效果。

最后，控制与调整时间、成本及质量。通过监测与检查，分析项目的时间和进度，以此来对整个计划的完成情况有所了解，并及时采取相应的补救措施。而针对成本的开支，就必须注意到实际支出的状况，一旦出现支出费用过多的情况，就必须及时做出调整，进行相应的控制。在整个过程中必须按照预期的质量要求来完成工作，在这期间一旦出现质量问题，就必须及时采取相应的补救措施，确保最终能够达到预期效果。

（五）评价项目

当一个项目完成之后，必须对其进行相应的评价。通常都会委托相对独立的第三方来评价，有时企业也可以进行自主评价，找出不足之处，总结经验与教训，进而在日后的工作与生活中更好地借鉴项目管理思想。

三、对企业投资项目内部控制与管理的建议

（一）将项目管理思想融入企业管理者的工作之中

处于信息化与全球化的时代环境中，企业管理者每天都面临着同一个问题，即信息的处理数量逐渐增加，需要管理的事情也在不断增多，相对而言，就会存在很多需要紧急处理的事务。企业管理者总有各种各样的资料需要审核、批阅，还有很多突发事件需要解决；不仅如此，还要随时做好检查工作，布置新的任务。因此，一些事情无法及时处理，且这些事情会积攒得越来越多，企业管理者对此力不从心。

如果能将项目管理思想同企业管理者的工作相结合，就会产生一种新的工作方式。换句话讲，人是丰富且鲜活的，不能只局限于僵化式的生搬硬套，而应适当地凭借项目管理的思想让企业管理者对工作的现状有所改观。

（二）做好项目的可行性评估，建立完善的内控流程

在投资项目时，会针对项目进行准确、严谨的可行性研究与评估，并聘请相关人士做该项目的咨询专家，一旦出现超出企业技术水平或领域认知的状况，就会请咨询专家来进行评估，以此将企业投资项目的风险降至最低。企业一般运用科学的决策或评估体系，将所面临的风险更加有效地控制在一定的范围之内。但是仍有一部分的企业在经过项目的可行性评估之后依然投资失败，这是其内控控制流程并不完善导致的。企业必须完善内部控制流程，才能确保项目质量提升，投资顺利进行。项目投资之前的可行性评估，项目开始之后的

内部控制，以及项目结束时的盈亏平衡分析或跟踪流程分析，这几个步骤都是企业在进行内部控制流程中必须做好的，只有这样才能使项目顺利进行，并在预期的范围之内获得更高的投资回报率。

（三）做好项目管理计划、内容安排及应急预案

任何事情都必须有目标、有计划，按照计划进行每一个事项，并实时地对其进行相应的控制与调整。一般情况下只需要花费很少的时间就可以完成项目管理计划，通过可视化进行相应的管理。

对投资项目，必须按照项目管理的工作方法，根据项目管理计划制定每一个环节，进行相关内容安排。明确一系列的步骤之后，就可以顺利地完成任何一个事务。在项目执行的整个过程中，必须将计划作为基础条件，以项目管理目标为导向，在团队成员各司其职的情况下，进行相应的控制与调整。

除此之外，项目管理中的危机管理也是至关重要的一项。针对每天的项目管理计划，可以更新应急预案，规定在一定的时间内解决突发事件，对预定的时间或进度计划进行滚动式调整；针对极为重大的项目管理，就必须制定相应的应急预案，有组织保证与人员安排，同时确定出处理方式与措施。

（四）合理设置投资项目的岗位分工，确保项目实施过程中职责分明

对于项目投资过多的企业，就必须创建相应的投资部门、企业发展部门、内部审计部门与税收策划部门等各种部门，利用这些部门进行企业的统筹工作，并做好项目进行之前的评估、项目进行后的跟踪分析与监控，以及项目完成之后的清理工作，以此来保证企业面临的投资风险处于可控范围之内。与此同时，以这些部门为基础，保证在合理分配的情况下，每一个相关人员的责任都明确，相应的岗位符合该企业投资项目的实际状况。

企业投资项目通常都会牵涉很多的领域，这要求投资部门的人员必须在具备专业素养的同时，掌握法律、政治等诸多领域的知识，只有这样才能确保企

业投资项目顺利地进行下去。不仅如此，企业还必须针对项目的审批授权创建相应的程序，利用这些程序设定相应的专业投资人员，并通过实践让相关人员应有的职能更好地发挥出来。

（五）关注国家宏观经济环境和相关政策，及时更新投资观念

企业管理者必须具有前瞻性的眼光，对企业进行战略性的部署，只有这样才能确保企业对外投资项目在预期中获得投资收益。企业外部的竞争状况取决于国家的宏观经济环境，如果一个企业没有对宏观经济环境的认知，那么在进行战略性部署时就会有一定程度的差异，这无疑会使企业未来的发展受到一定的影响。

国家发布的政策决定着经济发展的未来趋势，企业必须事前了解这些政策才能更好地掌握自身的战略发展。由于投资模式与投资理念也在不断地更新换代，企业管理者必须将获取的投资新知识运用到企业当中，改进投资理念，在进行项目投资时积极采用新的投资模式，促使企业在各种形式的投资项目中及早发现具有前瞻性的投资项目，通过投资收益提升企业净利润，让企业在行业之中占据领先地位。

第二节 大数据时代下

企业投资决策竞争情报的需求与服务

在大数据时代下，企业竞争情报的获取与存储、组织与分析，以及决策需求的提升，无疑使竞争情报的模式不再是传统的情报分析型服务，而是当前的情报预测型服务，并逐渐转换成情报智慧型服务。

一、大数据给企业竞争情报能力的提高带来机遇

由于信息技术，尤其是大数据与云计算的发展突飞猛进，我国在经济、教育和民生等诸多领域都受到了深刻的影响。如果将大数据与竞争情报结合在一起，企业就会获得新的数据共享与价值分析体验；同时，情报服务的理念与模式，以及其方法与技术就会有新的思维方式，这提供了有效的决策支撑，有助于企业发展与竞争。

由技术再到理念的创新体现在以下三个层面：

第一，大数据给企业提供了各种各样具有极高价值的竞争情报来源。大数据整合的各种类型数据具备较强的关联性与结构性，为竞争情报提供了更加多元化的来源。一般企业都会在分析挖掘中获取需要的信息，以此促进竞争情报工作者能够迅速捕捉用户情绪变化和市场走向，从而使企业能够更好地制定市场营销战略。

第二，大数据的运用让竞争情报存在一定的真实性与准确性，同时也进一步提升了其实效性。大数据涵盖了诸多来源不同的数据，而这些数据一般都会从不同角度对情报进行相应的分析，为确定其真实性、精确性和实效性提供了基础。换句话讲，大数据为企业竞争情报研究提供了更加真实的来源，让数据的质量、准确性和可靠性通过多层次或全方位的情报收集得到保障，从而尽可能减少云计算技术应用带给企业分析的压力。

第三，大数据的不断推进，不仅使竞争情报更加贴合企业时下的需求，还为企业提供了不少商业机会。因此，必须制定相应的收集、使用，以及数据保护的计划，才能保证企业及时挖掘与分析海量的动态异构数据。

二、大数据时代下企业对竞争情报的需求

（一）企业制定竞争战略的需要

企业要想在竞争激烈的市场中保持优势，就必须能正确地判断出市场当前的变化，并及时进行相应的竞争战略调整。因此，企业必须格外重视竞争情报的工作，在当前的市场环境中制定相应的竞争战略。大数据能为企业竞争战略提供重要的参考依据。

（二）企业实现创新与发展的需要

企业必须不断进行创新与改进才能更好地发展。将新技术和新产品应用到企业当中，离不开竞争情报的支持。企业通过对竞争对手情报的收集与分析，就能够从中找出差距，并通过创新改进找到突破口，从而获得更好的发展。

（三）企业开拓市场的需要

市场决定着企业的生存与发展。企业的市场开拓策略必须结合自身产品的实际情况，根据获取来的竞争情报进行相应的产品定位，并制定市场开拓决策。因此，企业的竞争情报决定其战略决策。

（四）企业寻求合作发展的需要

企业之间的合作交流在经济全球化的形势下逐渐增加且日趋繁杂。为了企业在合作过程中，能够顺利发展并实现共赢，企业在进行合作之前必须制定相关的合作策略，这就需要对竞争情报的收集和分析。

三、大数据时代下企业投资决策竞争情报服务

（一）大数据时代下的竞争情报服务模式

在大数据时代的不断推进下，不少研究者正在探索新的竞争情报服务模式。吕慧琳结合工作实践，举例介绍了基于"事实数据+工具方法+专家智慧"的研究方法在实际应用中所获得的成效，并从未来发展方向的层面进行思考，探索情报工作开展的新路径。而张兴旺等人主要针对企业竞争情报，以及在大数据基础下企业所提供的各种按需服务等，摸索出了一种新型的竞争情报服务模式。

从内容研究角度去审视，这些类型的竞争情报服务模式都是凭借现有的数据处理分析方式或工具提供情报需求服务，以此来帮助企业创建新型竞争情报服务模型。一般情况下竞争情报服务模型会牵涉三个情报领域，分别是网络竞争情报、企业竞争情报和产业竞争情报。现下的研究有着一部分理论基础，但现有的数据挖掘技术与信息处理技术还并不完善，不能精确地获取和处理客户服务需求，并且在平台监管、信息安全及服务选取程序的开发等诸多层面也相对薄弱。因此，必须有一定的平台支撑，才能顺利创建竞争情报服务模式。

（二）企业竞争情报创新发展的策略

1.系统化改进以往的竞争情报研究与综合服务模式

这种模式主要体现在投资开始的时候，企业对特定的核心产品市场的销售情况进行观察，在同类型产品上运用现有的投资管理模式，再对其进行管制和实效考察验证。这种模式在整体上与分散动态模式的竞争情报分析工作相似。此外，在对今后的方案环节进行多元化投资决策时，企业必须将内外部环境数据信息及时地加入其中，这样在有需要时就可以采用"事实数据+工具方法+专家智慧"的方式，以云计算为基础单元进行相应的构建。此外，还可以从以下五个方面来进行简单的分析：

（1）提高情报部门的数据处理能力。存储问题通常是在大数据处理过程中最为重要的一项，在大数据时代下，大数据存储的信息量最小的也已经是TB级别，这无疑提升了对数据库软硬件的要求。同时，在这种情况下，数据库不再像以往那样局限于对非结构化数据的分析，而是提升了情报分析能力的实效性，从中获得非结构化数据之间的关联或潜在联系。这就要求专业人员的技能有所提升，不仅是针对IT人员或信息专家，其他相关专业人员也必须具备多方面的技能与背景。只有这样才能够及时从数据库中找出非结构化数据之间的关联或潜在联系，从而对数据结构进行合理的构建，达到提供准确情报信息的目的。

（2）创新竞争情报的研究方法。当下，信息分析是大数据产生实质性价值的环节中最为重要的一点。根据大数据目前所具备的新特征，传统的竞争情报研究必须做出相应改变，将原本单一的竞争情报研究领域内的内容逐渐转化为五个层面的内容，把控竞争情报研究的全领域，综合利用多种数据源，强调竞争情报研究的谨慎性与智能化，以及注重对新型信息资源的分析。例如，从市场竞争情报角度分析，大数据的不断普及，让竞争情报研究工作从原本单纯地对项目产品的市场调查，逐步扩展到对代替产品或同类产品的市场调查，对分散的动态竞争情报进行更多的分析；不仅如此，还增加了对预测性竞争情报的分析，以此来提升大数据对竞争情报分析的准确性，同时还不断从不同类型的竞争情报间增加关联分析。

（3）提高对大数据的认知程度。如今，各种智能终端与社交网络在大数据环境中随处可见，这无疑让企业可以有效地研究与分析客户的消费行为及竞争对手的动向。因此，企业必须在创建一套完整的大数据竞争分析体系的同时，让相关人员对大数据的认知程度有所提升。如果忽视了大数据的作用，或者对大数据不够重视，企业就会在这竞争激烈的时局中止步不前甚至倒退。

（4）创新服务方式。目前，移动互联网的用户量早已超出了宽带上网的用户量。在此背景下，企业可改变以往以团队形式进行决策的方式，在利用大数据进行竞争情报收集与分析时，通过跨平台的方式连续推送，并通过协作云端平台随时共享那些相对零散的动态数据。

（5）完善信息安全制度。现如今，随着信息技术的逐渐进步与大数据时代的推进，数据存储与处理已经不会受到任何限制，大数据因此成为企业得以生存并逐步发展的基础。然而，大数据时代的到来也使得黑客入侵、病毒攻击及数据盗窃等威胁接踵而来，如果企业有任何信息被泄露出去，毫无疑问会造成经济损失，甚至导致生产遭受严重的打击。因此，企业必须十分关注大数据的安全问题，在避免遭受外来威胁入侵的情况下，采取信息加密等手段，创建相应的信息安全制度，以此保证不会发生企业核心的商业数据外泄的情况。

2.科学培养大数据专业化分析人才

目前，我国企业在其发展过程中会需要各类精确数据的指导性支持，可是内部专业型控制人才的短缺却造成企业在日后进行投资决策时没有光明的道路指引。大数据专业化分析人才的匮乏形成了一个鸿沟，让企业开发与利用数据的潜在价值受到阻碍。大数据专业化分析人才通常会与企业共同组建大数据竞争情报分析团队。投资学、金融学、统计学、情报学乃至产业经济学等诸多领域的专业研究人员，都将通过对彼此专业技能的渗透，形成各种具备某一方面优势的团队，以此让大数据复合分析的成果能够得到保障。

由于大数据时代的来临，企业在使用数据时无疑会受到严重的影响，促使其产生一定程度的改变，企业竞争情报工作人员也面临着大数据所带来的极大挑战。因此，企业必须将大数据充分应用到企业竞争情报当中，并将大数据的价值充分发挥出来，以此提供智力支持，让企业竞争力有所提升。

（1）创建大数据企业竞争情报体系，可从情报意识、组织模式及人才队伍三个角度来进行。第一，必须具备大数据情报意识。也就是说，企业必须让竞争情报工作人员在学习并接受新鲜事物的同时，充分掌握大数据相关的分析技术，只有这样才能更加完善地开展竞争情报工作，以此来确保能够及时地获取市场行情与竞争动态。第二，必须建立相应的组织模式。也就是说，企业处于大数据环境中，不能只局限于现有的竞争情报系统架构、组织体系与资源配置，必须将它们进行重组，并将主导位置交给负责大数据管理与分析的竞争情报部门。与此同时，在大数据竞争情报体系的前提下，组织设计竞争情报体系框架，整体把握大数据，最终达到为企业提供更加动态且实时有效的竞争情报的目的。第三，必须创建大数据专业化分析人才团队。在大数据时代下，将大数据转化为具体的竞争情报是企业进行项目投资最为关键的一部分，但是这一部分必须在拥有大数据专业化分析人才的前提下才可以实现。因此，企业就必须尽可能去培养相关的人才，并不断加强大数据专业化分析人才团队建设。

（2）企业的竞争情报工作效率能够提升，就必须利用适用于目前大数据环境变化的分析工具。如今，面对不断增长的海量数据，企业必须跟上时代的需求，在以往的技术基础上创新与研究，获得新的方法，开发出更具有扩展性、容错性与并行性的分析工具，并将其应用到实时性技术、分布并行算法技术，以及统计分析技术等诸多技术中，最终让数据挖掘与分析的效率有所提升，使企业能够尽快适应大数据的变化与发展。

第三节 大数据在企业投资决策中的应用价值

企业投资决策利用大数据与云计算平台具有的多方面优势，并且在实际应用时尤为突出大数据的价值所在，使企业的投资决策可以更加科学有效。

一、大数据时代下企业的投资决策框架

在大数据时代下，企业进行投资，特别是对那些新建生产设备的投资，通常都会需要一定时间才能获得投资回报，相对资金占用量也会较多，这种模式就会直接造成企业未来的生存与发展存在一定的问题。因此，必须在进行投资决策的最初阶段，进行大量的调研与数据分析，以此来更加科学且合理地实施

决策。由此可见，在企业实施投资决策时，大数据占据着至关重要的位置。

（一）投资准备阶段

搞好前期市场预测在投资项目前期准备工作中格外重要，有利于发现作为建设项目存在条件的现实和潜在的需要，即市场机会，从而使之转化为满足具体需求的产品或项目；有利于减少与避免因重复建设等非真实市场需求而产生的、不能在未来长时间内支撑项目生产与运营条件要求的虚假投资需求。

投资准备阶段主要涉及数据的收集。第一，要确定投资目标，也就是企业想要达到怎样的投资收益，这是投资决策的前提，需要企业根据自身的条件以及资源状况等数据来确定。第二，要选择投资方向，这需要企业根据内部的历史数据，并结合市场环境状况等外部因素进行筛选，确定投资方向。在市场调查与预测的基础上，企业根据项目及其载体形式，对有关产品的竞争能力、市场规模、位置、性质和特点等要素进行前期市场分析，做出有关"项目产品是否有市场需求"的专业判断。这种方式的官方版本是一种分析技术，其基本内容是做好国内外市场近期需求情况的调查和国内现有产能的估计，并做销售预测、价格分析，以及产品的竞争能力、进入国际市场的前景等分析。其中，除应明了市场容量的现状与前景外，还应预测可替代产品及由此可能引起的市场扩大情况，了解该项目现存或潜在的替代产品可能造成的影响；调查市场供求情况的长期发展趋势和目前市场与项目投产时市场的饱和情况，以及本项目产品可能达到的市场占有率。

（二）制定投资方案阶段

进行投资项目决策时，企业都会利用云会计平台从中获得内外部大数据，并对其进行科学且宏观的分析，再根据相关数据的可行性制定投资方案并进行方案评估。可行性分析主要涉及与风险相关的概率分布、期望报酬率、标准离差、标准离差率、风险报酬率等数据，要确保风险在企业可承受的范围内才说明此投资是可行的。企业针对生产空间的新建或扩建与生产设备的改良，不仅会对产品的成本与定价产生一定程度的影响，还决定着企业未来的发展方向，以及企业在未来竞争市场中所占据的战略地位。

（三）投资实施阶段

如今，企业在经济全球化的时代背景下，必须不断增强自身竞争实力。新建或扩建生产空间与改良生产设备，是目前很多企业会采取的主要方式。而在国际市场环境中，结构化数据、半结构化数据及非结构化数据一般都会在企业投资过程中产生一定的影响，因此这些数据在企业战略资产配置中是必不可少的。数据是企业进行投资决策的依据，可利用云会计平台，以多种媒介的形式从企业内外部市场与银行等诸多相关的投资决策环境中获得；再利用大数据处理技术，让获取的数据信息化、规范化；并利用大数据分析与大数据挖掘技术，将那些所需的财务与非财务数据提取出来，有针对性地为企业新建或扩建生产空间与改良生产设备等投资决策中的每一个步骤提供有力的数据支持。

在投资实施阶段需要监控和调整，主要是考虑企业实际的现金流量、收益与预期之间的差距，以及企业实际承受能力是否在可控范围内。如果相差较大或超出可控范围，就需要及时查找出引起差异的原因，对相关数据进行分析处理并调整投资决策方案。

二、应用价值

（一）大数据下的投资决策更加科学

目前，现代企业在经营过程中通常会受到内部或外界各种因素的影响，导致投资决策难度增加。在短时间内投资不能获得回报，就会导致企业的投资风险增加。企业管理者在进行决策时，凭借云会计平台进一步了解企业财务信息、生产空间、生产设备，以及生产流程等各项内容，不仅可以更加及时地获取数据，还能让数据更加可靠。此外，很多云会计平台可以与电子商务系统有效融合，有助于企业及时了解市场动态，获取很多相对有价值的信息。如此，企业投资决策的调整与制定会更加科学，最终达到固定资产价值最大化的目的，更有效地促进企业逐步发展。

从企业内部的角度去审视，企业大多是利用云会计平台来获取相关的数据，通过生产空间的新建或扩建与生产设备的改良促使企业在经营过程中更加准确且快速地获取产品生产数量、产品市场占有量，以及现金流量等各种财务信息；不仅如此，还能获得与投资项目相关部门的业务与人事关系，以及仓库存储量等各类非财务数据，通过对投资决策影响范围的分析比较，以及在企业后期经营中所产生的利益与风险，从企业内部的经营情况与现金流量方面进一步审视投资决策的可行性。针对生产空间的新建或扩建与生产设备的改良，企业必须充分了解市场目前的发展趋势，掌握所需的各项财务数据，包括资金筹备与企业负债的比重，以及现金流量与偿债能力等，以此来确定投资决策与企业未来长久的发展战略是否相符。利用云会计平台，能够让企业避除内部数据的分散与信息的不对称性，并让企业将所有子公司与部门中的财务数据与非财务数据更加有效地整合在一起，从而帮助企业科学且完整地进行投资决策，让投资决策的准确率有所提升。

从企业外部的角度去审视，企业大多是通过电子商务系统的接口，在利用云会计平台的同时，获取市场中的各种外部数据，其中包括公允价值和定价，以及顾客和数量等；再对产品销量、产品价位以及替代产品等相关数据进行相应的分析。一般情况下，产品在市场中的占有量与销售量都取决于客户的偏好。因此，可以利用从云会计平台中获得的客户购买习惯、产品畅销地区和畅销时间段等各项数据，提出更有用的投资决策，进而新建或扩建生产空间与改良生产设备。在此之后，再对收集到的数据进行相应的分析，确定产品在市场中的占有量是否符合市场饱和度，是否在一定范围内存在产品价格的变动情况，以及产品与替代产品的价格差异是否对产品有利等。由此可见，对于企业投资决策，这些来源于企业外部的数据尤为重要。企业必须事先掌握周围市场的情况，了解与投资项目相关的产品信息、与客户相关的数据、政府的经济政策，以及环境的相容度等各类数据，才能进一步合理且有效地进行投资决策。

（二）大数据下的投资决策风险更可控

云会计可以直接影响企业的投资决策。因此，有效利用云会计平台进行投资决策，就可以让投资风险在一定的管控中，确保企业投资活动的安全性有所提升。从投资决策的分析中，可以得出造成项目活动风险的主要因素，包括获取数据存在一定的问题，管理者不能对项目的变化趋势进行一定的预估等。然而，这些投资风险一般都是客观存在且不能避免的。

所谓的投资风险，就是在企业进行投资之后，受到内部或外部各种不能确定的因素的影响，导致实际使用的投入资金与预期目标的结果不相符。一般情况下，投资决策中存在的风险都是企业信息匮乏、企业管理者对未来变化等因素并不了解所致。在企业项目投资当中，投资风险主要是经营风险，其受产品需求的变动、产品售价与成本的变动，固定成本的比重与企业的投资管理能力，以及经营环境的变化等诸多因素的影响。不难看出，在投资中，其主要的形式就是对生产空间的新建或扩建与生产设备的改良等，但是其存在投资变现能力相对较差、投资风险却相对较高的问题。因此，一旦投资时其风险超出了企业所承受的能力范围，就会造成企业不能继续正常运转，最终以破产告终。管理者利用云会计平台对数据进行可行性分析，对可能出现的风险因素进行相应的分析与评估，再借助大数据的帮助不断地调整战略目标与投资方向，就能够尽可能降低投资决策风险造成的损失。

企业利用云会计平台，通过互联网或移动互联网，以及物联网或社会化网络等多种渠道处理与分析数据，再对企业面临的债务风险、估算风险和市场风险等多种投资风险进行相应的控制。在投资决策实施的过程中，企业利用云会计平台，将企业实际的现金流量和收益与预期的现金流量和收益作比较，从中找出不同，再根据这些分析导致差异存在的因素，及时做出相应的投资调整。企业在运用云会计平台实现各个信息系统的无缝衔接之后，就可以及时地共享并传递数据，如果在项目质量、项目进度和现金流量等方面出现问题，就能及时地采取相应的措施，决定该项目是否需要调整或中断，甚至放弃，从而使投资总额与投资期变动所带来的风险降至最低。

一般情况下，企业通过新建或扩建生产空间与改良生产设备等方式投资固定资产，但这种形式的投资变现能力略差，存在的投资风险却比较高，一旦超出了企业的承受范围，那么企业就将面临破产的窘境。企业利用云会计平台就可以对投资项目中的各项数据进行相应的分析，由此一来，就可以对投资中所存在的风险与相关问题进行相应的预估。管理者可以通过各项数据合理地调整决策方向与活动内容，有效降低投资所带来的风险损失。

第四节 大数据时代下企业投资决策的优化

如今，大数据技术的不断发展，不仅提供了针对瞬息万变的数据与信息的定量分析方法，同时还提供了更加真实有效的决策依据，以此来让企业进行投资决策，从而让企业战略决策的质量得以提升。

一、大数据对企业投资决策的影响

在投资决策评价中，最为重要的几个影响因素包括：决策效率、决策质量、决策成本。当企业进行固定资产投资决策时，其科学性与合理性在一定程度上受到这些因素的影响。云会计平台可以提供更加科学、全面、及时的数据支持，以此来制定企业的投资决策。

（一）实现智慧投资决策

在企业中，投资决策不仅是所有决策中最关键的一项，也是至关重要的一项。研究企业现阶段的资源禀赋，以及企业目前拟投资项目的可匹配性，是投资决策的核心内容。随着大数据时代的到来，大数据逐渐深入企业投资决策的每一个环节，并成为其中重要的生产因素。因此，企业必须让决策评价体系更加完善，才能更加有效地指导企业资本投资项目。

如今，大数据时代的财务信息系统，早已经从原本的模式延伸到企业的外围，它提供了市场同类项目的相关风险和收益等诸多信息，并将其与企业内部的投资总额预算模型和项目选择排序结构等进行匹配，从而预测资金短缺状况，并及时设置一定的融资方案，最终使投资决策评价体系更加完善。随着大数据的不断发展，企业在未来进行投资决策时，将会在财务信息系统中融入外部市场的风险分析，从而实现智慧投资。

（二）提高企业的投资决策效率

目前，投资决策受经济全球化和企业规模化的影响，正在逐渐趋于繁杂化，而其在企业生产经营活动中所产生的影响也在不断增大。企业在以往的投资决策中，通常会因为数据采集或处理与分析技术在各方面都受到局限，而必须耗费较长的时间才能进行数据的收集、整理、对比和分析。如此一来，企业就必须用相当长的时间才能进行投资决策，这无疑降低了决策效率。

在云计算与大数据技术逐渐成熟的时代，企业凭借云会计平台就能直接获取与投资项目有关的财务数据与非财务数据，还能让企业中的业务流程、财务流程和管理流程结合在一起，以此来避免部门之间数据孤立现象的发生，并避免数据在传递过程中的缺失或时间拖延。此外，利用企业各个子公司中的业务系统，以及企业管理系统与云会计平台之间的无缝衔接，就可以获得海量数据。这样一来，就能在投资决策的数据获取时间上有一定程度的节省。最后，凭借大数据技术对相关的海量决策数据进行整理、对比和分析，让企业进行投资决策的效率有所提升。

（三）保障企业的投资决策质量

在大数据时代背景下，基于云会计平台，企业不仅可以提升投资决策的质量，还能控制企业投资的成本。传统的投资决策往往都是通过工作人员进行相应的收集与整理来获得数据信息，这种情况下会有很大的数据量。但在当下，数据信息比较分散，工作人员收集与整理的数据必然会存在一定的误差。由此一来，就会影响企业的投资决策，同时也会让投资决策的科学性与合理性受到严重影响。

在目前的大数据环境中，企业会基于云会计平台来进行投资决策，利用计算机网络来获取、整理和处理数据。这样一来，就可以避免人力工作产生的误差问题，进而使企业投资决策工作的准确性大大提升。

（四）减少企业的投资决策成本

通常，企业投资会涉及很多部门，其中包括销售部门、库房存储部门、财务部门、生产制造部门等；传统投资调研包括实地考察、纸质资料的收集与整理，以及电子邮件或电话回访等，必须有大量的人力与物力支持才能完成。

如今，基于云会计平台，企业凭借自身的需求购买相应的软件服务，再利用互联网或数据端口，将所有部门与子公司连接在一起，从硬件与设备上尽可能让成本有所降低。由此，当企业需要对市场或周围环境进行实地考察或评估时，就不需要再耗费大量的人力资源。不管是企业产品的结构化数据，包括市场的销售现状、投资环境、客户偏好，以及相似产品的市场占有量；还是那些半结构化数据或非结构化数据，包括与产品相关的图片、视频、文本或文档，企业对这些数据的收集、整理和分析都会十分便捷。因此，企业在对与投资决策有关的大环境进行分析时，利用云会计平台，不仅可以让人力成本有所降低，还可以使硬件设备的购买、维护与后续维修所产生的费用有一定程度的减少。

二、利用大数据加强和优化投资项目管理

（一）大数据挖掘与投资项目管理分析

大数据时代的到来，无疑迎合了投资项目中系统性与动态性的需求，同时带来了新的投资发展方向。由此一来，投资项目管理中的每一个环节或其整体的信息处理效率都能得到提升，并给投资决策提供了更加有效的信息参考，从而使项目效益能够实现增值。

在大数据环境中，数据挖掘为投资项目管理提供了新的路径。针对投资项目目前的状况，可建立大数据挖掘的管理层次和制度结构，以及构建大数据挖掘项目组。在利用大数据进行投资项目管理的过程中，数据仓库不仅能及时收集现有和历史数据，还能对各个孤立存在的数据进行初步处理和转换，形成相互联系的统一数据集，为项目中各数据使用者提供一个透明的信息平台，减少信息流通中虚假信息和交流障碍等因素带来的风险。

（二）大数据时代下的投资项目管理困境

目前，随着大数据时代的不断推进，多元化的需求也在不断增加，产品所要面临的最大挑战就是生产必须贴合市场的个性化需求。而现如今，产品在设计和评估过程中由于存在固有的刚性和惯性，很难实现与市场需求的高度贴合。市场需求逐步转化为各种类型的数据，如果对这部分数据不能及时、科学地进行相应的处理，那么就可能出现这两种困境：一是数据不能被完全解读，从而让产品设计与评估跟目前的市场并不贴合，也就是说，产品最终不能以最好的状态出现在市场当中；二是会有数据误判的情况出现，使产品设计与评估根本就不在市场需求的范围之内，导致其产品最终不能被市场认同。

市场需求的多元化使数据的总量呈直线上升趋势，导致投资项目管理容易迷失在海量的数据当中；经济环境的飞速变化增加了很多的不确定性，致使投资项目管理随时都面临着风险的侵袭；由于技术在不断更新换代，以及随之增

加的社会经济环境的突发状况，投资项目的进度、成本、质量与安全保障面临着相当大的挑战。

（三）大数据对投资项目管理的优化路径

1.构建大数据挖掘的管理层次和制度结构

第一，按照集中控制和分层管理的思路，企业确立数据收集者与数据决策者的回路模式。以数据为控制载体，按照数据要求及时准确地采集数据，以总体数据为依据进行进度、成本、质量、安全方面的分析和决策。总体数据不仅包括采集的内部数据，还包括采集的外部数据，以保证数据完整性。第二，按照数据集中、业务集中、管理集中、控制集中的原则，建立数据处理中心及业务审批、项目实施、企业决策层数据沟通制度。项目部门与项目实施人员业务往来形成的各类数据，由项目部门整理和识别后录入信息系统中心，数据处理中心对总体数据进行挖掘处理后向企业管理者提供分析和辅助决策支持，各部门可以随时调用项目数据进行管理，项目部门根据数据指标及其提示进行项目工作和相关管理。

2.构建大数据挖掘项目组，解决项目管理中的主要问题

构建大数据挖掘项目组的目的是保证企业在一定资源约束的前提下，使投资项目以尽可能快的速度、尽可能低的成本达到最好的质量效果。第一，建立工期进度数据挖掘项目组。整合资金数据、供应商数据、项目计划数据、项目基础数据等，通过数据挖掘建立相应的控制体系，以保证项目进度有效推进。第二，建立项目质量数据挖掘项目组。整合项目基础数据、质量检测数据、物流仓储数据、项目进度数据等，通过数据挖掘建立相应的控制体系，避免因物料管理不规范、阶段验收和隐蔽项目验收不规范、计划安排不科学，以及设计本身存在缺陷等导致出现质量失控等问题。第三，建立成本控制数据挖掘项目组，整合物料数据、成本核算数据、质量控制数据、工程进度数据、资金数据等，通过数据挖掘建立相应的控制体系，避免时间拖延、质量控制不当等问题。

第五章 大数据时代下的企业财务决策管理

大数据打破了企业传统数据的边界，改变了过去商业智能仅仅依靠企业内部业务数据的局面。数据更加多样化，不仅包括企业内部数据，还包括企业外部数据，尤其是和用户相关的数据。大数据时代下，企业所面临的问题不仅是大数据的技术问题，更是管理问题。未来的新型财务决策管理模式将会充分利用大数据、系统集成、计算实验、仿真等方法，提高顶层设计和战略体系的科学性。凡事都将用数据说话。

第一节 大数据时代下市场的演变

利用大数据能够使企业对消费者群体进行细分，以便精确地定制产品和服务，满足消费者需求。这一方法在营销和风险管理领域广为人知。

一、粉丝经济

随着技术的进步，许多企业已经将消费者进行了微观的细分，以便锁定促销和广告方式。大数据时代一方面使得数据数量急速增加，数据质量却变得冗杂、难以捕捉；另一方面使产品和服务更加定制化。消费者市场并不是一个简单的划分，而是通过数据做到精细划分，企业所面对的是每一个消费者，并非一群消费者，个性化营销成为企业应对大数据时代的主体营销方式。

大数据能够起到帮助企业重新定义目标市场、精细划分目标市场的作用。大数据对消费者行为、信息、关系的追捕，能够有效推动并构建大数据平台，也能给作为合作伙伴的商户以消费者反馈。

（一）采用明星代言品牌的营销策略

明星代言是目前最常见的利用"粉丝经济"的营销手段。品牌通过市场定位选择有影响力的明星，提高产品知名度，吸引更多消费者。明星代言不仅可以提高产品知名度，合适的明星代言人更是一种产品理念和文化的传播。市场从来不缺好产品。在竞争激烈的市场中，品牌文化让产品在市场中保持活力。合适的明星代言合作，包括明星代言人选择和广告设计都在传递一种理念、一种文化。粉丝间的文化触碰更是一种变相的宣传，让越来越多的消费者群体了解产品理念和文化。所谓的"粉丝经济"，可以是直接性的消费，也可以是对产品理念和文化的宣传与传播。

（二）制作明星周边

粉丝喜爱明星，购买明星的相关周边是从很早以前就兴起的消费方式，并流传至今，这充分说明了明星周边的商业价值。企业如果有一个专业的明星周边团队，与明星达成合作，并保证明星周边的质量和创意，在粉丝中打开知名度，那企业的市场潜力就是无穷的。

（三）打造明星品牌

企业打造一个明星品牌，在保证产品应有质量的前提下，收获大量粉丝。企业通过规划让品牌像明星一样发展、宣传，吸引更多的粉丝，让品牌真正站在主导地位，用品牌自身的魅力吸引更多忠实的消费者。现代消费理念中经常强调一点：适合自己的。"适合"一词包括质量适合、功能适合、创意适合、风格适合、价值适合等。品牌不会总是一家独大的，企业要做的是找准自己的定位，不断创新和进步，找到适合企业的消费者。

二、精确营销

"现代营销学之父"菲利普·科特勒（Philip Kotler）提出的精准营销就是利用信息技术和数据处理技术对消费者进行精准的细分，实行一对一的准确营销，提高消费者的让渡价值，充分满足消费者的个性需求。可见，精准营销是迎合市场内外环境的变化，在 4P（Product、Price、Place、Promotion，产品、价格、渠道、促销）理论的基础上，融合了 4C（Customer、Cost、Convenience、Communication，顾客、成本、便利、沟通）营销组合理论来适应新环境的发展。精准营销绕过复杂的中间环节，直接面对消费者，通过各种现代化信息传播工具与消费者进行直接沟通，从而避免了信息的失真，可以比较准确地了解和掌握消费者的需求和欲望。精准营销是渠道最短的一种营销方式，由于减少了流转环节，节省了昂贵的店铺租金，营销成本大大降低；又由于其完善的订货和配送服务系统，购买成本也相应减少。

精准营销商经常向消费者提供大量的产品和服务信息，消费者不出家门就能购得所需物品。精准营销实现了与消费者的双向互动沟通，这是精准营销与传统营销明显的区别之一。在大数据时代，对消费者和企业信息的双向推荐，实现了消费者界面与企业界面的对接，增强了其联系，实现了通过"用户画像"进行精准营销的目的。

随着互联网和电子商务的快速发展，"用户画像"这个概念悄然而生，它抽象地描述了一个用户的信息全貌，是进行个性化推荐、精准营销、广告投放等应用的基础。大数据下的用户思维通过线上、线下、交易、交互等各种结构化和非结构化数据，让"用户画像"完整地展现在企业面前。在完整的"用户画像"面前，企业相当于面对"裸泳"的用户，用户需要什么、怎么获取、怎么营销一目了然。

未来的经济将越来越是一种消费者体验式经济，谁能在精准刻画"用户画像"的同时提升消费者体验，谁就能引领并占有市场。通过不同的消费者评价、产品介绍和统计数据，消费者更容易发现产品真实、客观的质量，在此情况下，消费者对品牌的依赖度越来越低，不再将品牌作为衡量产品质量的重要依据。在大数据挖掘中，关键的消费者需求包括消费者对隐私保护的基本诉求、消费者核心价值的发掘和利用，以及消费者行为的培养与转化等。企业营销创新必须充分考虑来自各个方面的正负效应，而消费者全程参与创新实践则是大数据时代企业营销创新的重要特征。

（一）基于大数据的精准营销在传统行业的应用研究

这里的传统行业是一个相对的概念，是相对于互联网、电子商务等而言的"传统"，包括但不仅限于传统意义上的第一、第二、第三产业。近年来，研究者们纷纷开展有关精准营销在传统行业中的应用的研究。宋磊将大数据营销与出版业相结合，提出出版全产业链的大数据营销以及在应用大数据营销的过程中需要注意思维方式变革、大数据的保鲜等问题，旨在对新形势下的出版行业营销工作有所启示。

（二）基于大数据的精准营销在新兴行业的应用研究

由于互联网、信息技术以及通信技术的发展而涌现出的新兴行业，也得到了精准营销研究者的关注。例如，孙玉玲在简要阐述大数据的定义和特点的基础上，着重分析了大数据时代数字出版产业的发展趋势，指出基于大数据技术的精准营销将日益受到重视，数字出版产业如果能充分挖掘大数据的深层次价值，就可以开发出更能满足消费者需求的新产品和新服务，也能实现精确的、个性化的广告推送。

（三）基于大数据的精准营销在电子商务领域的应用研究

电子商务的飞速发展颠覆了传统的购物模式，开展适销对路的电子商务成为企业在激烈的市场竞争中的制胜法宝，这也使得研究者们加强了对电子商务营销的研究。例如，黄霞深入分析大数据对电子商务精准营销的影响，探讨了精准营销的定义、实施策略、挑战和未来趋势；从用户行为分析、个性化推荐、跨渠道整合等多个维度，解析了大数据技术在电子商务精准营销中的应用，并提出借助人工智能的机器学习算法，电子商务的精准营销将实现更精准、更智能的个性化服务。

（四）基于大数据的精准营销在新媒体领域的应用研究

新媒体是一个相对于传统媒体而言的概念，微博、微信等都可以称为新媒体。新媒体的普及带给人们生活方式和消费习惯的改变，基于新媒体的精准营销正逐步应用开来。刘丽彬认为，"以客户为中心的精准营销和主动式服务营销，在正确的时间把正确的信息传递给正确的人"的微博营销理念，引领着微博精准营销的发展。邱月指出，微信庞大的清晰用户及强大的应用功能，如微信公众号等，为企业精准营销提供了目标准备和技术支持，但目前微信营销的实施途径还呈现单一化的特征，其方式也日渐趋同，受众的新鲜感正不断消失。因此，企业依然需要不断思考如何利用微信的精准性更好地服务于营销这一命题。

三、品牌忠诚度

（一）主要利润来自忠诚顾客

随着大数据时代的来临，企业可强化利用社交媒体加强口碑营销的观念。移动互联应用是提升受众黏性和营销层次的重要手段，改变了传统的营销模式，将自身的内容资源与多平台、多媒介、多渠道有效整合。社交媒体中形成的社群化，已经成了目前最重要的社会关系。而这种社群化的强大黏性和稳定性正是口碑营销得以运作并达到较好效果的基础。顾客的品牌忠诚是至关重要的。它不仅是企业利润的来源，也是衡量品牌资产的重要指标。顾客的品牌忠诚，主要表现为他们对品牌的使用价值有所认同，因而产生重复购买的行为。

研究表明，成功品牌的利润有 80％来自 20％的忠诚顾客，而其他 80％的顾客只创造了 20％的利润。忠诚顾客不仅可以给企业带来巨额利润，而且还可以降低企业营销成本，因此，争取一个新顾客比维持一个老顾客要多花 20 倍的成本。有远见的企业重视忠诚顾客的培育，并把忠诚顾客作为自己巨大的市场资源，有了这个资源，市场份额才会不断扩大，企业利润才会源源不断。而且，这些忠诚顾客的口碑和示范作用，还有助于吸引新顾客。

在大数据时代，产品都是以信息形式存在的，真正好的产品都会自动传播，顾客会替企业宣传产品，过去以企业和产品为中心打造品牌的模式逐渐显得不合时宜，企业要将其逐渐转变为以终端顾客为中心的商业模式，只要是真正的好产品、好服务，顾客都会通过互联网轻易找到。从另一个角度来看，在大数据时代，借助发达的互联网技术，顾客品牌转移的成本极大降低，很多情况下只需要鼠标的瞬间单击。

提炼目标人群是营销最有吸引力的竞争优势点，每个成功的品牌都将品牌的功能性与顾客的心理需求紧密联系起来，以准确将品牌定位传达给顾客。随着顾客要求的日益严苛，未来企业卖的不只是产品，还有体验。顾客可以通过网络随时随地分享他们对企业的"抱怨"和"赞扬"，这也说明了顾客体验对企业而言十分重要，它能有效帮助企业进行口碑营销。

（二）提高品牌忠诚度的策略

品牌忠诚度的提升与企业品牌资产的提高关系密切。忠诚联系着价值的创造，企业为顾客创造更多的价值，有利于培养顾客的品牌忠诚度，而品牌忠诚又会给企业带来利润的增长。

1.正确对待顾客

确保顾客有积极有益的经历，其关键是培训。一名负责接待顾客的企业人员应花几个星期的时间来学习和实践如何与顾客进行各种接触，而且绝不允许有消极对待顾客的行为。

2.接近顾客

许多跨国企业都在努力寻找接近顾客的方法。例如，IBM 公司（International Business Machines Corporation，国际商业机器公司）规定最高负责人有理由、有义务接触顾客；迪士尼乐园的负责人每年以一种"上岗"的身份工作两周来接触顾客；Worthington 公司让管理人员和产业工人会见想使用公司产品的参观者等。无论顾客是现有的还是潜在的，企业都应当以积极的心态去接待。

3.留住老顾客

许多企业普遍犯的错误就是主要通过吸引新顾客来促进企业发展，因此，企业经常制定侵略性的营销计划。然而，吸引新顾客一般都很困难，他们有足够的原因保持原有的品牌喜好；而且，与他们接触的代价可能很高，毕竟顾客一般不会为了寻找替换物去费力地读广告或与销售员联系。相比之下，保持现有的顾客会获得巨额利润，因为这样做起来成本相对便宜，新顾客也可能受现有顾客的影响而出现。顾客基础就像一只有漏洞的桶，增加输入比修补漏洞的代价更高。

4.满足顾客需求

企业要提高品牌忠诚度，赢得顾客的好感和信赖，企业的一切活动就要围绕顾客展开，为满足顾客的需求服务，让顾客在购买产品与享受服务的过程中有难以忘怀的愉悦、舒心的感受。因此，企业在营销过程中必须处理好短期利益与长远利益的关系，必须忠实地履行应尽的义务和社会责任，以实际行动和诚信形象赢得顾客的信任和支持。品牌讲信誉是提高品牌忠诚度最好的途径。企业应不遗余力地满足顾客需求，切忌为追求短期利益而犯急躁冒进的错误，否则必将导致企业无路可走，最终走向毁灭。

5.不断创新产品

产品的质量是顾客对品牌忠诚的基础。世界上众多名牌产品的历史证明，顾客对品牌的忠诚，在一定意义上也可以说是对产品质量的忠诚。只有高质量的产品，才能真正在顾客的心目中树立起"金字招牌"，受顾客喜爱。产品的创新可以让顾客感觉到产品品质的不断提升。海尔每年都会有新功能、新技术的产品推出；苹果、华为每年都会推出新款手机；宝洁公司的玉兰油、海飞丝等品牌也时不时推出新的改良配方，让其产品有新的兴奋点，让顾客感觉到企业一直在努力提高产品质量。

6.提供附加产品

产品的好坏要由顾客是否满意来评判，产品要真正做到以顾客为中心，不仅要注意核心产品和有形产品，还要提供更多的附加产品。在产品同质化日益严重的今天，谁能为顾客提供物超所值的利益，谁就能最终赢得顾客。

7.有效沟通

以广告为主的传播能提升顾客对品牌的熟悉感和信赖感，使顾客产生对品牌的喜爱与忠诚。企业还可以通过与顾客的有效沟通来维持和提高品牌忠诚度，如建立会员俱乐部、定期访问等；建立顾客资料库，将顾客进行分类，选择有保留价值的顾客，制订忠诚顾客计划；了解顾客的需求并有效满足顾客所需；与顾客建立长期而稳定的互需、互助关系等。

8.节省转变成本

节省转变成本的办法是找出解决顾客问题的措施，这包括对业务重新定义。例如，麦克森公司（McKesson Corporation）为其药物零售商安装了计算机终端，提供了存货控制和自动订货服务。这种方法为零售商节省了大量的转变成本，并改变了整个药物批发业。

第二节 大数据与企业竞争力

企业作为国民经济的细胞，是市场运行系统的直接参与主体，其生存和发展直接受到来自产业或市场的竞争力量的挑战。在大数据时代，企业分析竞争对手的透彻程度取决于企业大数据获取渠道的广度和大数据的运用能力。大数据竞争力强的企业能够借助大数据资源库和技术处理平台，对竞争对手的相关数据进行挖掘和分析，从而评估竞争对手在市场策略、产品选择、营销方案等方面的优势和劣势，进而制定出能体现企业相对优势的针对性竞争策略。

一、大数据提升企业竞争力

大数据能够帮助企业预测经济形势，把握市场态势，了解消费需求，提高研发效率，不仅具有巨大的潜在商业价值，而且为企业提升竞争力提供了新思路。这里从企业决策、成本控制、服务体系、产品研发四个方面加以简要讨论。

（一）企业决策大数据化

现代企业大都具备决策支持系统，以辅助决策。但现行的决策支持系统仅收集部分重点数据，数据量小，数据面窄。企业决策大数据化的基础是企业信息数字化，重点是数据的整理和分析。首先，企业需要进行信息数字化采集系统的更新升级，按各个决策层级的功能建立数据采集系统，以横向、纵向、实时三维模式广泛收集数据；其次，企业需要推进决策权力分散化、前端化、自动化，对多维度的数据进行提炼整合，在人为影响起主要作用的顶层，提高决策指标信息含量和科学性；在人为影响起次要作用的底层，推进决策指标量化，完善决策支持系统和决策机制。大数据决策机制让数据说话，可以减少人为干扰因素，提高决策精准度。

（二）成本控制大数据化

目前，很多企业在采购、物流、储存、生产、销售等环节引入了成本控制系统，但系统间的融合度较低。企业可对现有成本控制系统进行改造升级，打造大数据综合成本控制系统。一是在成本控制的全过程收集数据，以求最大限度地描述事物，实现信息数字化、数据大量化；二是推进成本控制标准、控制机制系统化，量化指标实现成本控制自动化，减少人为因素干扰，细化指标以获取更精确的数据；三是构建综合成本控制系统，将成本控制所涉及的从原材料采购到产品生产、运输、储存、销售等环节有机结合起来，形成一个综合评价体系，为成本控制提供可靠依据。成本控制大数据化以预先控制为主、过程控制为中、产后控制为辅的方式，可以最大限度降低企业运营成本。

（三）服务体系大数据化

品牌和服务是企业的核心竞争力，服务体系直接影响企业的生存发展。优化服务体系的重点是健全沟通机制、联络机制和反馈机制，利用大数据优化服务体系的关键是找到服务体系中存在的问题。第一，加强数据收集，对消费者反馈的信息进行分类分析，找到服务体系的问题，然后对症下药，建立高效服务机制，提高服务效率；第二，将服务方案移到线上，打造自动化服务系统。快速分析、比对消费者服务需求信息，比对成功则自动进入服务程序，快速处理；比对失败则转入人工服务系统，对新服务需求进行研究处理，并快速将新服务机制添加至系统，优化服务系统。服务体系大数据化，可以实现服务体系的高度自动化，最大程度提高服务质量和效率。

（四）产品研发大数据化

产品研发存在较高的风险。大数据能精确分析消费者需求，降低风险，提高研发成功率。产品研发的主要环节是消费需求分析，产品研发大数据化的关键环节是数据收集、分类整理和分析利用。企业官网的消费者反馈系统、贴吧、论坛、新闻评价体系等是消费者需求信息的主要来源，应注重从中收集数据。

同时，可以构建消费者综合服务系统，完善消费者信息反馈机制，实现信息收集大量化、全面化、自动化，为产品研发提供信息源。然后对收集的非结构化数据进行分类整理，以达到精确分析消费需求、缩短产品研发周期、提高研发效率的目的。产品研发大数据化，可以精准分析消费者的需求，提高产品研发质量和效率，使企业在竞争中占据优势。

二、大数据对企业核心竞争力的挑战

（一）产业融合与演化

企业可运用财务战略加强对企业财务资源的支配、管理，从而实现企业效益最大化的目标。其中，最终的目标是提高财务能力，以获取在使用财务资源、协调财务关系与处理财务危机的过程中超出竞争对手的有利条件，主要包括以下两种条件或能力：第一，创建财务制度的能力、财务管理创新和发展的能力、财务危机识别的能力等。第二，通过财务战略的实施，提高企业的财务能力，并提升企业总体战略的支持能力，加强企业核心的竞争力。

伴随着大数据时代的到来，产业融合与细分协同演化的趋势日益明显。一方面，传统上不相干的行业之间，通过大数据技术有了内在关联，对大数据的挖掘和应用促进了行业间的融合；另一方面，大数据时代下企业与外界之间的交互变得更加密切和频繁，企业竞争变得异常激烈，广泛而清晰地对大数据进行挖掘和细分，找到企业在垂直业务领域的机会，已经成为企业脱颖而出形成竞争优势的重要方式。在大数据时代，产业环境发生深刻变革，改变了企业对外部资源需求的内容和方式，同时也变革了价值创造和价值传递的方式与路径。因此，企业需要对行业结构，即潜在竞争者、供应商、替代品、顾客、行业内部竞争等进行重新审视，进而制定适应大数据时代的竞争战略。

（二）数据资源的重要性

大数据时代，数据成为一种新的自然资源。对企业来说，加入激烈竞争的大数据之战是迫切的，也是产出丰厚的。但是数据如同原材料，需要经过一系列的产品化和市场化过程，才能转化为普惠大众的产品。企业利用大数据技术的目的是增强企业决策管理的科学性，实质是构建新形势下人机结合的企业战略决策系统。通过企业内部决策系统的收集、分析、筛选、服务、协调与控制等功能，判断企业及所在行业的发展趋势，跟踪市场及消费者的非连续性变化，分析自身及竞争对手的能力和动向，充分利用大数据技术整合企业的决策资源，通过制定、实施科学的决策制度或决策方法，做出较为科学的企业决策，保证企业各部门的协调运作，形成动态有序的合作机制。

另外，将企业的决策系统与企业外部的环境结合起来，有利于企业制定科学合理的经营决策，从而保持企业在市场上的竞争优势。毫无疑问，大数据的市场前景广阔，对各行各业的贡献也是巨大的。从目前来看，大数据技术能否达到预期的效果，关键在于能否找到适合信息社会需求的应用模式。无论是在竞争还是合作的过程中，如果没有切实的应用，大数据于企业而言依然只是海市蜃楼，只有找到盈利与商业模式，才能可持续发展。

（三）企业不同生命周期中的财务战略与核心竞争力的关系

1.企业竞争力形成的初期采取集中的财务战略

企业在竞争力形成的初期，已经具备了初步可以识别的竞争力。在这一时期，企业的创新能力弱且价值低，企业可以创造的利润少且经营的风险比较大。同时，企业对市场扩展的需求紧迫，需要大量的资金支持。在这个阶段，企业的信誉度不够高，对外的集资能力差，所以企业可以采用集中的财务战略，即通过集中企业内部资源扩大对市场的占有率，为企业以后核心竞争力的发展提供基础。在资金筹集方面，企业应实行低负债的集资战略，由于企业这个阶段的资金主要来源于企业内部，以私人资金为主，因此在这一时期最好的融资办法是企业内部的融资；在投资方面，企业为了降低经营风险，要采用内含发展型的投资策略，挖掘出企业内部实力，提高对现有资金的使用效率；在盈利分配方面，企业最好不实行盈利的分配政策，把盈利的资金投入市场开发中，充实企业内部的资本，为提升企业核心竞争力打好物质基础。这种集中的财务战略重视企业内部资源的开发，所以可以在一定程度上减少企业经营的风险。

2.企业在核心竞争力发展阶段采用扩张的财务战略

企业核心竞争力在成熟、发展的阶段，由于此时核心竞争力开始趋于稳定且具有一定的持久性，这个时候的企业不仅要投入需要交易的成本，还要特别注意对企业知识与资源的保护投入。在这一时期，企业要利用好核心竞争力并对其进行强化，在财务上要采用扩张的财务战略，实现企业资产扩张。在融资方面要实行高负债的集资战略；在投资方面可以进行一体化的投资；在盈利分配方面应实行低盈利的分配政策，以此提高企业的整体影响力。

3.企业在核心竞争力稳定的阶段采用稳健的财务战略

企业在这一阶段要开始实施对资源的战略转移，采取稳健的财务战略来分散财务的风险，实现企业资产的平稳扩张。在该阶段中，企业可以采取适当的负债集资法，因为此时企业有了比较稳定的盈利资金积累，所以在发展时可以很好地运用这些资金减轻企业的利息负担。在投资方面要采取多元化的投资策略；在盈利分配方面可以实施稳定增长的盈利分配法。企业的综合实力显著增强，资金的积累也达到了一定的数值，拥有了较强的支付能力，所以企业可以采用稳定增长的股份制的分红政策。

三、企业竞争力重塑

大数据本身并不是企业竞争力，但大数据分析和挖掘有助于提升企业竞争力。企业竞争力指的是在数字经济条件下提升企业的大数据管理能力。大数据管理是对企业市场认知与创新能力的管理，大数据管理能力是企业竞争力的重要乃至决定性因素。

从企业实施大数据管理的基本原则和目标取向来看，大数据管理能力的提升必须与企业市场定位、发展战略、目标设定、资源配置、运营模式、竞争策略等相匹配、相协调、相一致，必须有助于提升企业差异化竞争优势，有助于企业发现新的蓝海市场。同样地，大数据分析方法的选择和创新必须以企业发展战略所界定的商业逻辑和目标函数为依据。根据商业逻辑来建立分析模型，用于预测和验证数据；根据目标函数来选择约束方程，用于改进产品和服务。一切都要从创造消费者价值出发，以问题为导向，运用大数据资源，以大数据为驱动，创建可持续的商业生态系统。从大数据挖掘和分析的路径来看，企业应遵循从数据到信息、到知识、到管理、到预设的过程。数据需要标准去衡量，要遵循商业逻辑；信息需要知识去识别，要发现价值关联；管理需要战略去引导，要设定行动目标；预设需要资源去界定，要面向有限市场；竞争力需要数据去支撑，要完成绩效评价。

大数据管理是离散数据知识化、知识产品集聚化的过程，要高度重视企业大数据的积累和汇聚。量变导致质变，当离散的经济行为数据积累到一定程度时，借助恰当的大数据挖掘和分析工具，就能够在其中的某些变量之间发现先前没有注意到的商业价值、消费者行为与潜在利润的关联性，进而发现新的商机，通过重新配置资源，开拓新的市场，获取新的利润。这时相关性的价值往往大于逻辑性的价值。由于是新发现，因此边际效用最大。而行为经济学的持续拓展和研究成果将为大数据的挖掘和分析提供新的方法和路径。

大数据管理下的企业竞争力重塑将是一个从数据的差异化发现到企业的差异化管理，再到市场的差异化竞争优势形成的过程。要利用计算机和互联网技术将大数据管理嵌入企业运营流程并驱动管理决策，由外而内，由内而外，深化市场与企业、竞争与管理的互动，实现递进发展，增强企业软实力。开放的大数据管理必将促进开放式创新，并通过开放式创新更加有效地整合企业外部资源，在协同发展过程中提升企业竞争力。

当然，大数据管理作为企业管理的衍生品，如果对大数据挖掘、应用不当，即对大数据管理不善，就可能给企业自身和经济社会带来危害。企业在培育大数据管理能力时，一定不要忘记大数据风险管理。大数据创新需要服务，但同样需要适当监管。

第三节 大数据对企业财务决策的影响

大数据成为许多企业竞争力的来源，从而改变了整个行业结构。大企业和小企业最有可能成为赢家，而大多数中等规模的企业则无法在行业调整中受益。掌握着大量数据的大企业通过分析收集到的数据，成功实现了商业模式的转型。大数据也为小企业带来了机遇，其能享受到非固定资产规模带来的好处。重要的是，因为最好的大数据服务都是以创新思维为基础的，所以不一定需要大量的原始资本投入。

一、构建新的竞争优势

在大数据的环境中，企业需要应对数据的更新与变化，以不断调整企业内部的管理决策内容，提升企业的综合竞争力水平。传统企业的决策过程往往是被动的，即通常被简单的个人经验和个人想法所左右，知识决策内容经过长期实践之后会出现偏差。因此，现代企业需要向着预判式的发展道路前进，对市场的发展状况进行预判，充分掌握市场的发展规律、消费者需求以及竞争对手的各项信息，在大数据的竞争中获取竞争的优势地位。企业在大数据时代下，应用大数据进行预判并制定管理决策内容至关重要。对企业的自身发展而言，大数据不仅是一项技术手段，更是一项全新的发展模式。大数据的出现，使得企业管理决策内容知识的获取方式、决策参与者以及组织结构发生了巨大变化，为企业管理决策的发展提供了新的发展途径。同时，有效地运用大数据内容能够在激烈的市场竞争中保证企业自身战略优势地位，提升企业综合竞争力。

二、增强企业技术创新能力

创新是企业得以进一步发展的必然要求，是驱动企业获取最大竞争优势的最重要的途径。在主张区域经济创新发展以及产业结构转型升级的新时代下，加强自主创新是增强企业综合竞争力的重要体现，是企业在创新驱动发展战略下应当首要考虑的重要内容。企业实施自主创新的一个重要保障是拥有足够的知识资本，而大数据的发展必然会为企业不断积累信息、技术、数据处理能力等"软"资源。因此，大数据能够在很大程度上增加企业的技术创新诉求。企业的进一步发展离不开其在产品、技术、管理营销等方面的创新，而企业技术创新的本质要求是将各类信息、资源等转化为创新要素，并将其引入企业生产、运营和市场开发等活动。而大数据的挖掘和分析无疑能为企业提供重要的创新要素，企业可以通过大数据资源库、大数据技术平台和大数据分析方法，挖掘和分析技术创新所需的资源和信息，来增强企业的技术创新能力，从而提升企业竞争实力。

三、财务决策以全数据为参考

大数据时代下，企业管理者应建立现代化的信息交流沟通平台，与员工进行有针对性的、有效的沟通，甚至进行决策。企业在重大的策略调整和重要事件发生时，可以通过信息交流沟通平台，优化决策信息沟通的渠道和路径，使决策的程序简化、速度加快。同时，鼓励员工参与沟通、提出合理化建议并参与决策方案的制定，从而缩短上传下达的沟通时间。企业应尽量减少信息链的长度，强化对信息链的优化整合力度，以达到企业运作流程的优化，减少内部沟通的偏离程度，从而减小管理决策制定的复杂程度。通过虚拟的网络平台来提升企业决策管理，使企业规范运作、管理科学、高效发展更具有综合竞争能力。

财务数据与非财务数据的准确性在很大程度上决定了财务决策的正确性。当今世界竞争变得越来越激烈，因此财务决策的时效性也变得越来越关键。所以，企业目前在财务决策领域最不能忽视的技术是大数据挖掘和分析技术。大数据是对所有相关数据进行分析，不是对样本数据进行随机分析。主要原因有两种：一是科技的迅猛发展使企业处理海量的数据变成了可能；二是样本数据不能完全代表全部数据，在一定程度上可能会忽视某些重要的因素。量化的财务分析和以往熟知的图表技术分析存在很大的差别，当企业使用全部相关的数据进行分析时，可以全面得知某个重要的指标或信息在整个研究过程中所起的关键作用。例如，企业在进行财务投资决策时可以使用所有投资对象十年内所有与财务直接相关或间接相关的数据。

四、财务决策以混杂性为主

大数据时代是用概率说话的时代，绝对的精确是不可能实现的，换一种说法就是，混杂性已经变成了大数据时代的一种判定标准。企业在制定任何一个财务决策方案时，只要通过全数据分析，那么该决策得出的结果在概率上就能够持续为企业带来高额的利润，在很大程度上就可以被财务管理者实施。

（一）增强预测的信息基础

随着大数据时代的到来，企业的市场分析、运营策略、目标消费者等一系列具体且重要的参数都受到大数据信息的影响，企业的运作模式也会随之发生巨大转变。大数据时代的到来既是机遇也是挑战，它推动着各行各业不断调整思路，改变运作机制，重视群体因素和个体影响。企业应该重视和关注大数据应用带来的影响和新机遇，克服困难，运用好大数据，把握好企业改革和再发展的新时机。

通过对大数据的预测，企业可以摆脱过去烦琐的搜索监测与分辨信息的业务，从众多杂乱的信息中轻松地挑选出有效且可靠的信息，把大量的信息变为引导行动的洞察力，节省大量的时间，从而更加高效、准确地做出合适的决策。

通过大数据智能预测系统，企业可以在非线性化数据中开掘出意外的数据方式与联系，创建指导业务一线交叉的形式。同时，大数据智能预测系统还能有效避免优质客户的流失，给现有的客户提供更多的服务购买选项，研发出更加优秀的新型产品，提升企业的运转效率，及时发现或防范欺诈等风险。大数据智能预测系统可以完成信息开采、文本开掘、高级分析、社交媒体分析与核对分析、信息的收集与在线查实探讨、信息建模与预测建模等工作。大数据智能预测系统给每一项技能水准的客户提供自主定义的业务，包含高级管理层面看得见的菜单页面和更加有资质的分析员的命令预防页面与高级功能。大数据智能管理与布置企业的所有财产与债款，给运转体系与决策拟制人员带来更加可靠的决策。

（二）促进动态化决策

大数据如巨浪般冲击着人们的生产与生活方式，一切传统企业模式都将被推翻，企业可以通过先进的大数据挖掘和分析技术完成数据增值，从而创造更有价值的商机。当今社会每天每时都会产生巨量的数据，这些数据也悄然记录着世界变化的轨迹，信息时代的竞争已经不再是劳动生产率的竞争，而是基于知识的数据竞争。大数据环境的动态性对企业提出了更高的要求，每个环节的改变都引导着企业的变革，企业必须通过最有效的方式实现数据最大化的价值增值。同时，基于数据的客观性及信息量大的特点，企业对数据保密及备份、保障客户信息安全等方面提出了更高的要求。

五、财务决策更关注决策的相关性

在大数据时代，"是什么"比"为什么"更重要。即使这一点似乎违背了人类的天性——好奇心和探索欲，也不能被忽视，知道"为什么"对企业的任何决策的帮助确实是有限的。例如，当预测到一个财务投资决策方案在很大程度上可能持续为企业带来高额的利润时，如果企业执迷于探究该方案到底是通过什么样的方式持续为企业带来高额的利润时，那么企业就会在无形中增加成本，到最后也不一定能够找到真正的原因。

当然，大数据也未必都是好的，也会带来很多问题。例如，大数据时代财务数据的隐私问题越来越堪忧；大数据可以预测财务决策方案的盈利能力，这样的预测有可能会被滥用，使得企业过度追求利润而忽视其他问题。为此，企业需要新型的大数据管理变革，包括对隐私财务数据的保护，数据使用者需要承担相应的责任；专业的大数据算法师通过规范内部和外部的大数据使用，来保证数据隐私的保护和公平正义。

（一）对财务决策工具的影响

在市场经济条件下，企业间的竞争日趋激烈，高效的财务决策已经成为企业角逐的重要砝码。而正确的财务决策往往建立在有效的事实以及大量相关的数据挖掘与分析基础之上，这对企业的软件技术提出更高的要求。但现阶段的企业会计电算化只是将手工做账改变为计算机做账，真正会分析应用财务数据的会计电算化系统少之又少。当企业的决策者需要某些汇总的数据时，甚至还需要会计人员先从会计电算化系统中导出，再进行人工整合处理，这直接影响企业的工作效率。在大数据环境下，与企业决策相关的数据规模越来越大，类型日益增多，结构也趋于复杂。海量的数据意味着增加了有效使用数据的难度，因此，对企业信息智能化的要求越来越高，企业的财务分析和决策系统也要求做出改进。

（二）对财务决策参与者的影响

1.更加有利于科学化的决策

传统模式下，决策者往往习惯于借助自身的经验来做出决策，但时代在进步，企业所处的决策环境也越来越复杂化，如果决策者还是一味地依赖于自身经验，恐怕无法适应市场发展要求。大数据分析系统能够运用其强大的数据挖掘技术进行信息汲取，再基于分析得出的财务信息对企业的未来业务进行合理预测。这样有效借助大数据将企业的财务数据与非财务数据进行整合，避免了决策者单纯依靠自身经验决策而带来的风险。大数据分析系统还会在决策人员提取信息时提供相关的辅助信息，使决策过程更加智能化，企业财务决策的效率也能有所提高。

2.促进决策者与相关人员的信息交流

大数据管理系统使企业各个部门间的信息交流更便捷、更公开化，企业管理者和员工也能方便地获取与决策相关的信息。在此基础上，如果企业管理者能与员工并肩作战，集思广益，就会使企业决策的能力及质量大大提高。大数据下的财务决策除了有利于企业内部的信息交流，也方便了企业与会计师事务所、工商部门和税务部门等利益相关部门之间的信息沟通。随着云计算技术的推广，企业为了更方便地利用云端平台，会将企业的运营数据存放在云端而不只是企业内部的服务器上。这给注册会计师的审计工作提供了便利，企业在运营过程中产生的财务数据和非财务数据也可以实时接受工商和税务等政府部门的监管，有利于企业健康、良好地发展。

3.提高了对财务人员的专业要求

面对时刻变化的市场竞争环境，企业要想实现能级式发展，就必须拥有强大的市场竞争优势，其中提升企业市场竞争优势的一个重要途径就是提高企业经营管理水平。而企业针对其战略决策、生产运营、组织协调、客户关系及市场开发等进行的管理活动都涉及数据和信息资源的采集、处理、分析和运用等过程。

随着大数据技术的快速发展和日益成熟，企业在处理日常业务时会经常建立新的分析模型，这就对财务报告的及时性、现金流的能力以及财务信息的数据挖掘能力等提出了更高的要求；相应地，企业财务人员也要丰富自己的知识和能力。财务人员不仅需要熟练掌握财会方面的专业知识，同时还需要储备统计学、计算机科学等方面的知识，这样才能对提高数据可视化水平提供更加广泛的专业支持。因此，大数据时代的财务工作者，应当与时俱进，推动财务管理创新和发展。

（三）对财务决策过程的影响

1.在决策目标的制定方面

过去企业所有的管理决策都是依据其产品需要来运作的，而现在则要以消费者的需求为主，采集消费者的需求信息后再制订生产计划。大数据管理系统能够基于对这些数据的整合与分析，对企业的财务现状进行总结，为企业未来的经营目标做出精准定位。

2.在全面预算方面

市场充满了不确定性，因此，企业需要定期基于当前的生产经营情况对未来一定阶段进行计划安排。但是，目前许多企业的全面预算都是基于企业管理者的经验加上静态数据建立而成，缺乏应变性。大数据弥补了抽样调查手段的不足。由于抽样调查所抽取的样本容易受到主客观各种因素的干扰，因此强化了数据分析结果的真实性。基于大数据的商业分析能够建立在全部样本空间上面，能够准确完成企业业务的相关关系预测，有利于企业全面掌握消费者信息以及产品反馈情况，帮助企业动态实施全面预算，应对市场的变化，真正有效地实现企业的个性化运营。

3.在成本核算方面

成本核算是对企业经营数据进行加工处理的一个过程。企业财务人员会对一定期间的生产经营费用进行核算，并根据生产情况分配费用，而只有从多渠道获取数据才能够实现成本的精准核算。通过大数据技术，企业能够从多渠道得到成本数据，并据其分析出符合实际需求的材料用量标准。在大数据管理系统中实现对工资明细、进销存单据和制造费用等结构化和非结构化数据的共享，这样能够使成本核算更加细化和精准，也有利于企业进行重点成本分析，最终实现成本的精准核算。

第四节 大数据时代下的企业财务决策战略目标

大数据在企业的有效运用能够推动企业竞争力深度和广度的延伸，是构成新时期企业市场竞争的重要组成力量。企业运营主要分为战略决策和经营执行，而通过大数据分析，企业不仅可以优化竞争战略决策、运营管理、市场营销等环节，挖掘出企业运作流程、市场分析和决策过程中的潜在价值，从而有助于降低成本，提高效率；还可以通过分析市场信息和消费者资料了解消费者的市场行为特征并预测销售，有利于保证企业市场营销的精准性和有效性，从而牢牢地建立企业在市场中的竞争优势。

一、大数据提高企业战略决策质量

企业战略决策是否具备科学性和正确性是决定企业经营成败的首要因素，而数据和信息的质量则是决定企业决策正确与否的重要保障。传统的战略决策主要依靠决策者凭借个人经验和学识对历史数据进行分析来判断未来发展趋势，从而制订相应的决策方案。进入现代企业管理阶段以来，企业管理的内外部环境发生了巨大的变化，企业的人力、资本、物流和信息资源等在整个产业链条里时刻在进行重新组合和优化配置。另外，市场上的需求和供给特征变化明显，影响企业正确决策的因素更加复杂和多样化。以决策者的个人智慧、知识储备、经验和市场洞察力等为基础的传统决策方法已经难以满足企业高质量战略决策的需要。而大数据技术的发展为现代企业决策提供了应对数据和信息瞬息万变的定量分析方法，为企业战略决策提供更加真实有效的决策依据，以提高企业战略决策质量。

（一）管理环境的挑战

大数据时代下，每个个体都是数据的生产者，企业的任何一项业务活动都可以用数据来表示。从数据收集、数据存储到数据使用，企业必须制定详细、缜密的数据质量管理制度，在设计数据库时要考虑大数据在各个方面可能发生的种种意外情形，利用专门的数据提取和分析工具，任命专业的数据管理人才加强对大数据的管理，提高员工的数据质量意识，以保证大数据的数据质量，从而挖掘出更多准确、有效、有价值的信息。

在云计算的基础上，大数据环境对企业的信息收集方式、决策方案制订，以及方案选择与评估等内容具有一定的影响，从而进一步影响企业管理决策内容。大数据当中的数据内容具备先进性的特点，对知识经济各项生产要素的发展具有重要作用。大数据的运用已经成为企业实现现代化发展的重要因素，大数据为企业管理决策方面的内容提供了新环境。

（二）流程视角的挑战

从流程的角度，即从数据生命周期角度来看，数据生产过程可以分为数据收集、数据存储和数据使用三个阶段，这对保证大数据质量分别提出了不同的挑战。

1.在数据收集阶段

大数据的多样性决定了数据来源的复杂性。大数据的数据来源众多，数据结构随着数据来源的不同而各异，企业要想保证从多个数据源中获取的结构复杂的大数据的质量，并有效地对数据进行整合，是一项异常艰巨的任务。数据收集阶段是整个数据生命周期的开始，这个阶段的数据质量对后续阶段的数据质量有着直接的、决定性的影响。因此，企业应该重视源头上的大数据质量问题，为大数据的分析和应用提供高质量的数据基础。

2.在数据存储阶段

由于大数据的多样性，单一的数据结构已经远远不能满足大数据存储的需要，企业应该使用专门的数据库技术和专用的数据存储设备进行大数据的存储，保证数据存储的有效性。数据存储是实现高水平数据质量的基本保障，如果数据不能被一致、完整、有效地存储，数据质量将无从谈起。因此，企业要想充分挖掘大数据的核心价值，首先必须完成传统的结构化数据存储处理方式向同时兼具结构化与非结构化数据存储处理方式的转变，不断完善大数据环境下企业数据库的建设，为大数据质量提供基础保障。

3.在数据使用阶段

数据价值的发挥在于对数据的有效分析和应用，大数据涉及的使用人员众多，很多时候是同步地、不断地对数据进行提取、分析、更新和使用，任何一个环节出现问题，都将严重影响企业系统中大数据的质量和最终决策的准确性。数据的及时性也是大数据质量的一个重要方面，如果企业不能快速地进行数据分析，不能从数据中及时提取出有用的信息，就会丧失占领市场的先机。

（三）技术视角的挑战

技术视角主要是指从数据库技术、数据质量检测识别技术、数据分析技术的角度来研究保证大数据质量的挑战及其重要性。

大数据及其相关分析技术的应用能够为企业提供更加准确的预测信息、更好的决策基础以及更精准的干预政策，然而如果大数据的数据质量不高，所有优势都将化为泡影。

在大数据时代，企业的数据量不仅巨大，而且数据结构种类繁多，除了一些简单的结构化数据，更多则是复杂的非结构化数据；此外，数据之间的关系较为复杂。若要识别、检测大数据中错误、缺失、无效、延迟的数据，往往需要数百万甚至数亿条记录或语句，传统的技术和方法常常需要几小时甚至几天的时间才能完成对所有数据的扫描与检测。从这个角度来讲，大数据环境为数据质量的监测和管理带来了巨大的挑战。

这种情况下，传统的数据库技术、数据挖掘工具和数据清洗技术在处理速度和分析能力上已经无法应对大数据时代所带来的挑战，处理小规模数据质量问题的检测工具已经不能胜任大数据环境下数据质量问题的检测和识别任务。这就要求企业根据实际业务的需要，在配备高端的数据存储设备的同时，开发、设计或引进先进的、智能化的、专业的大数据分析技术和方法，以实现大数据中数据质量问题的检测与识别，以及对大数据的整合、分析、可视化等操作，充分提取、挖掘大数据潜在的应用价值。

（四）管理视角的挑战

1.大数据的管理需要企业高层管理者的重视和支持

只有得到了企业高层管理者的高度重视，一系列跟大数据有关的应用及发展规划才能有望得到推动，保证大数据质量的各项规章制度才能得到贯彻和落实。缺少高层管理者的支持，企业对大数据管理、分析和应用的重视程度就会有所降低，大数据的质量就无法得到全面、有效的保证，从而将会大大弱化大数据价值的发挥，不利于企业竞争能力的提升。因此，企业应该在高层管理者的领导和带领下，提高大数据质量意识，建立完善的数据质量保证制度。

2.专业数据管理人员的配备是保证大数据质量不可或缺的部分

由于大数据本身的复杂性增加了大数据管理的难度，既懂得数据分析技术，又谙熟企业各项业务的新型复合型管理人员是当下企业应用大数据方案最急需的人才，而 CDO（Chief Data Officer，首席数据官）就是这类人才的典型代表。CDO 是有效管理企业大数据、保证大数据质量的中坚力量。企业要想充分运用大数据方案，任命 CDO 来专门负责大数据所有权管理、定义元数据标准、制定并实施大数据管理决策等一系列活动是十分必要的。

在大数据环境中，企业还应配备专业、高端的数据库设计和开发人员、程序员、数学和统计学家，在全面保证大数据质量的同时，充分挖掘大数据潜在的商业价值。此外，在大数据生产过程的任何一个环节，企业都应该配备相应的专业数据管理人员，通过熟练掌握数据的产生流程进行数据质量的监测和控制，如在数据获取阶段，应指定专门人员负责记录定义并记录元数据，以便于对数据进行解释，保证企业全体人员对数据一致、正确理解，保证大数据源头的质量。

二、通过财务战略优化资源配置

（一）利用大数据优化财务分析

要想更好地提升企业的财务管理能力，企业就必须进一步明确财务分析和大数据的关系，统筹兼顾，实现资源的优化配置。众所周知，财务数据是企业基本的数据之一，其积累量较大，对它的分析结果直接影响着企业财务管理的最终质量。因此，企业在进行决策分析时，必须坚持客观公正的原则，以财务数据为基础，制定明确的分析指标和依据，以保证企业财务管理的平稳推进和运行。在进行财务分析时，财务管理人员应先查找和翻阅当期的管理费用明细，并将其与前一阶段的明细进行对比，找出二者之间的主要差异，从而找出管理费用的变化规律，最终得出变化原因。在进行原因分析时，财务管理人员可以建立一个多维度的核算项目模型，并在模型中做好变化标记。在整个分析过程中，财务管理人员往往要将大量时间用于管理费用的核算与验证，同时查找相关资料。即使在财务软件中，上述系列动作也要切换不同的界面。而如果利用大数据技术，只要通过鼠标的拖拽，就可以在短短几秒钟内分析出所有管理费用明细在每个部门发生的情况。对于企业的决策者而言，通过对财务信息的收集、加工和深度分析，可以获得有价值的信息，促使决策更加科学、合理。

（二）利用大数据加强财务信息化建设

大数据可能对财务信息结构产生以下两个方面的影响：

1.财务信息中非结构性数据所占的比例会不断提高

大数据技术能够实现结构性和非结构性财务信息的融合，提供发现海量数据之间相关关系的机会，并以定量的方式来描述、分析、评判企业的经营态势。因此，企业越来越有必要收集非结构化数据，并加以解读和理解。

2.在特定条件下，对财务信息精准性的要求会降低

大数据时代，财务信息的使用者有时可以接受非百分之百精确的数据或非系统性错误数据，这可能会对财务信息的质量标准提出新的观察维度：财务管理人员需要在数据的容量与精确性之间权衡得失，不管是强调绝对的精准性，还是强调相关性。

为此，在财务信息化的建设上，一是在企业内部逐步建立完善的财务管理信息化制度。制度保障是企业信息化的第一步，因为信息化并不是一蹴而就的，只有从制度层面做出规定，才能保证信息化切实有效地推进。构建网络化平台，实现企业的实际情况和网络资源的有机结合，达到解决企业信息失真和不集成问题的目的。构建动态财务查询系统，实现财务数据在不同部门之间的迅速传递、处理、更新和反馈。二是加大监管力度。发挥互联网技术的优势，利用信息化的手段实时监控各部门资金的使用情况，将资金运行的风险降到最低，使资金的使用效率最大化，同时要注意保障财务数据安全。

三、构建科学的财务决策体系

为建立科学的大数据财务决策体系，一要强化企业决策层对大数据的认识。因为在传统决策中依靠经验获得成功的案例比比皆是，再加上大数据需要投入大量的人力、物力，短期内很难给企业带来明显的效益提升，所以很多决策者认为企业财务决策与大数据关系不大。这种认识是片面的，企业只有正视这种变化，才能够从大数据中获得自己想要的信息，认识到所面临的风险，从而做出合理的决策。二要结合企业的实际情况，建立有效的基于大数据的财务决策流程。要改变过去"拍脑袋"做决定的模式，通过积极地收集企业的相关数据建立大数据平台，利用先进的技术从数以千万计甚至亿计的数据中收集、处理、提取信息，挖掘问题背后的相关性，探索企业隐藏的风险和商机，找出问题的解决方案，达到由数据引领决策的目的。

四、企业财务决策的优化策略

在信息化的发展背景下，越来越多的生产实践与信息技术实现了完美结合，这种发展趋势非常有利于我国建设进程的加快与市场经济的发展。在信息技术的支持下，大数据和云会计时代极大地影响了各大企业的财务管理及决策。相较于传统管理模式而言，大数据、云会计时代的到来可以强化企业财务管理的质量及效率，同样也要求财务管理人员进行相应的转变，通过合理的方式来适应和运用这些技术，确保企业健康、稳定地发展下去。

（一）实时动态监控，及时传递信息

在大数据和云会计时代下，企业开展财务管理活动时，利用云会计技术能及时采集业务数据与财务信息，以便企业及时分析与监控财务管理活动。例如，在监控职责授权和职权划分时，企业应该借助云平台获取岗位人员与各部门的工作动态，若发现上述授权划分不科学，则应及时进行调整，严格遏制滥用职权及越权管理的行为。同时，企业监控风险时，应该以云会计为基础进行风险预警管理，根据企业的实际情况，合理设置风险预警指标，从而合理构建风险预测模型，及时传递信息与规避相关风险。

云会计可以帮助企业实时地采集财务管理活动相关部门的财务信息和业务数据，便于企业及时对财务管理活动进行监控和分析。例如，在监控职责授权和职权划分的过程中，企业能够通过云平台获取企业各部门人员的工作动态，在发现上述授权划分不合理时及时调整，及时遏制滥用职权及越权管理的行为。在风险监控过程中，基于云会计的风险预警管理能够帮助企业构建风险预测模型，企业可以根据自身状况设置风险预警指标，及时规避相关风险。

（二）实施分布式数据的收集、存储和预处理

随着企业的全球化、规模化、多元化发展，企业财务决策所需的数据不能只局限于财务数据，还需考虑日常经营活动相关的非财务数据。通常企业内部的生产、库存、销售、采购等数据会影响财务决策；银行提供的信贷管理数据、信用等级，会计师事务所的咨询报告、评估报告、审计报告，以及税务部门的税收稽查数据、相关法律法规等也会影响财务决策。由于这些数据可能分布于不同的机构与地区，存在着不同的数据类型，现有的财务决策系统不能收集、存储和处理如此庞大的数据，所以需要利用云会计平台来收集、存储和预处理这些分布式数据，或者利用虚拟化技术来分布式管理、存储数据，便于后续的数据处理。

（三）做好协同办公工作，财务管理灵活

企业的管理层及下属部门可以通过云会计的随时连接，借助 PaaS（Platform as a Service，平台即服务）共享平台交换信息，或者利用云会计所提供的 SaaS（Software as a Service，软件即服务）会计核算软件，在 IaaS（Infrastructure as a Service，基础设施即服务）云端存储空间中存储信息。在大数据和云会计时代下，企业可以根据自身的实际发展需要，优化财务管理模式及目标，对经济形势与外部经营环境的相关信息加以及时获取，保证财务管理活动的有序实施。从资金管理层面来看，企业应该立足自身经营环境，构建科学的资金预算体系，及时调整利润分配方案与资金使用方式；从投资层面来看，企业可以在云平台中上传投资方案，对比同时期、同行业的企业，及时更改方案，确保财务管理的灵活性。

企业管理层及下属部门均可以随时连接云会计的 PaaS 共享平台进行信息交换，随时使用云会计提供的 SaaS 会计核算软件，将信息存储于 IaaS 云端存储空间。在大数据和云会计时代下，企业能够及时获取外部经营环境和经济形

势的相关信息，结合自身发展需要对财务管理目标和模式进行优化。从投资方面来说，企业可以将投资方案上传至云平台，与同时期、同行业的企业进行对比，及时更改方案；从资金管理来说，企业能够根据自身所处的经营环境建立资金预算体系，及时调整资金使用方式和利润分配方案。

（四）完善财务管理制度

完善财务管理制度，以信息化建设来提升工作效率。企业在生产运营过程中，必须保持良好的秩序，制定行之有效的财务管理策略，对企业财务管理制度加以完善，从而提高工作效率和信息化建设水平。随着大数据和云会计时代的来临，企业需要注重信息技术的运用，积极开发现代化的财务信息技术，规范财务管理准则，强化内部管理力度，从而实现云端管理，增强企业财务管理的意识。另外，企业应该针对自身的发展现状和运行状态，采取统一标准的财务管理措施与制度，借助内部云平台强化责任意识，及时公布财务管理中的新工作计划，实现企业的可持续发展。

企业财务管理关系到企业日常生产运营的秩序化，在大数据和云会计时代下，企业应对财务信息的开发和利用予以重视，强化规范化管理意识，重视相应管理制度的健全，借助信息技术实现云端管理，采取统一标准的财务管理制度。通过内部的云平台进行财务意识的强化及新工作计划的发布，财务管理人员可以在其具体的运行中进行问题分析及处理，享受大数据和云会计时代带来的便利。企业日常财务管理数据较多，借助信息技术，各项工作开展的效率必然随之提升。

第六章 大数据时代下的企业财务战略管理

20 世纪 80 年代以来，企业面临的外部环境发生了新的变化，科技不断进步，竞争日趋激烈，市场瞬息万变。企业为了在变幻莫测的环境中求得生存和发展，就必须关注关系未来的重大战略问题，由此引发企业管理上的变革，导致企业战略管理的出现。同时，随着金融市场的不断完善，以及金融创新、市场创新和企业并购的发展，企业理财环境变得更具不确定性。这一切既给财务管理创造了机会，同时又带来了挑战。财务管理也必须站在战略的高度，分析和把握企业理财环境的状况及发展趋势，提高对不确定环境的适应能力、应变能力和利用能力。

第一节 企业财务战略及其管理

企业财务战略作为一种开放性、动态性和综合性的管理，就是围绕资金运动展开的。资金运动可以综合反映企业生产经营的主要方面和主要过程，并贯穿生产过程的始终。因此，企业财务战略以资金运动为战略管理对象，通过对资金运动的掌握做出合理的判断，进行科学的财务预测和决策。

一、企业财务战略目标

（一）财务战略的定义

关于财务战略，迄今没有统一的定义。尽管如此，企业财务战略关注的焦点是企业资金流动，这点是毫无疑问的。一个企业的财务战略应当根据企业执行的总体合作和竞争战略而制定。选择财务战略必须着眼于企业未来的长期稳定发展，考虑企业的发展规模、发展方向和未来可能遇到的风险，了解企业现行的战略与其相关风险的关系。

（二）财务战略目标及其分类

任何企业的形成都需要资本的投入，资本的天性是逐利。企业进行商品生产和交换的目的在于生存、发展和获利。财务管理是对企业资金进行规划和控制的一种管理活动。企业财务活动是企业生产经营活动的一种，为企业整体活动服务，财务目标与企业目标应保持一致。因此，制定正确的财务目标是财务管理成功的前提。财务战略目标应与财务目标保持一致，财务战略目标可以为企业财务战略的形成确立方向，定义财务战略的边界，在整个财务战略系统中处于主导地位。同时，明确的财务战略目标指明了财务战略的属性，它必须服从和服务于企业战略要求，与企业战略要求协调一致，从财务上支持和促进企业战略的实施。财务战略目标可以分为财务战略总目标和财务战略具体目标。

1.财务战略总目标

财务战略总目标不仅影响财务战略的制定，而且还指导财务战略的实施。能否正确确定财务战略总目标，对财务战略的制定和实施是至关重要的。按现代经济学的观点，企业实质上是"一系列契约的连接"，各要素持有者各有其连接企业的必要性和可能性，它们对企业的存在至关重要。从企业长远发展来看，不能只强调某一集团的利益，而置其他利益于不顾。在一定意义上讲，企业各相关利益集团的目标都可以折中为企业长期稳定的发展和企业总价值的不断增长，各个利益集团都可以借此来实现其最终目的。因此，企业的财务战略总目标就是企业价值最大化或股东财富最大化。

2.财务战略具体目标

财务战略具体目标是为实现财务战略总目标而制定的目标，是财务战略总目标的具体化，它既规定财务战略行动的方向，又是制定理财策略的依据，在财务战略中居于核心地位。具体包括投资战略目标、融资战略目标和收益分配目标。财务战略具体目标是在战略分析的基础上确定的，是采取具体财务战略行动的指南。

二、企业财务战略理论研究的意义

（一）有助于谋求高效的资金流动并实现增值

企业财务战略是战略理论在企业财务管理方面的应用和延伸，是整个企业战略不可或缺的组成部分。企业财务战略既具有一般企业战略的共性，又具有其本来的特殊性。其特殊性主要在于它的特殊对象——资金运作上。具体表现为五点：一是各种资金形态具有空间上的并存性和时间上的继起性，没有资金的合理配置就无法实现高质量的资金转化；二是资金运作过程具有价值上的增值性，财务管理对资金增值能力提出了更高的要求；三是资金运作管理更多地体现了成本效益原则；四是尽管资金运作具有数量上和时间上的均衡性，但资金运作存在非对称信息假设；五是资金运作的本质表现为资金流动。

目前，企业中普遍存在的诸多问题与资金流动有关，其中最主要的是资金管理的效率问题日益突出。例如，企业规模迅速扩张而企业融资能力极为有限，绝大多数企业面临资金紧缺与资金闲置浪费并存的问题。解决这一问题的关键就是要树立财务战略意识，切实加强对财务战略理论的研究，从战略的高度重视财务管理工作，建立以财务管理为主导的现代企业制度下的理财模式。只有从战略的方位统筹规划，突出重点，拓宽融资渠道，开源节流，向管理要效益，才能促进资金的有效流动并实现增值。

（二）有助于适应理财环境的变化

大数据时代，企业外部环境的迅速变化和内部管理机制的重构，对企业财务管理提出了新的挑战。随着金融资产证券化趋势的不断加强，产品的差异性逐渐被证券的同一性所掩盖，非对称信息规模越来越大。确保被投资对象达到所期望的目标，保证财务主体对资金的需求，其关键就是解决非对称信息所带来的一系列问题。因此，不同类型的企业必须依据其不同的外部环境和内部管理机制正常运作的要求，开展财务战略理论研究，用财务战略思想拟定企业总体理财战略、企业经营理财战略和不同企业在竞争形势下的理财战略。只有这样，企业才能以不变应万变。企业也只有强调创新和发展的战略管理，才能在竞争对手如林的市场条件中立于不败之地并不断取得长久的发展。

（三）有助于确保资金来源的可靠性和灵活性

现实中，企业发展通常会遇到资金紧缺的问题，融资成为企业生存和发展的前提条件。但从不同渠道、以不同方式筹措资金的成本和风险是有较大差异的。企业如何筹措资金，确保企业长期资金来源的可靠性和灵活性，并以此为基础不断降低企业的资金成本，促使企业经济资源的有效配置，是企业财务管理面临的关键问题之一。

（四）有助于实现企业利益相关者的利益要求

现代企业理论认为，企业实质上就是"一系列契约的连接"。企业出资人、雇员、债权人、政府以及社会公众等利益相关者，按照一定的契约来分享企业的盈利和承担相应的义务。在这种契约中，缔结契约的各方都投入了一定的财务资源。契约的各方都是平等的产权主体，各方都想取得企业剩余的索取权和控制权，这一过程实际上就是各方博弈的过程。财务管理的实质就是要合理处理好一系列的财务关系，兼顾取得剩余索取权和控制权的产权利益，从简单地服从于传统财务资源提供的利益转向实现更多企业利益相关者的利益要求。

三、企业财务战略管理的基础

企业战略管理是企业经营管理实践的产物，是社会经济发展的必然。而财务管理是企业的管理职能之一。当企业管理从业务管理层次向战略管理层次转变时，企业财务战略管理就成为企业财务管理发展的必然趋势。这是因为在现代竞争激烈、复杂多变的经营环境下，企业经营者如果仅仅依靠以往的经验已经无法面对新的环境和形势，企业对此做出的必然反应是把战略管理作为管理的中心问题。

战略财务观念的建立不仅可以推动企业财务管理理论的发展，而且有助于促进企业财务管理工作的发展。同时，从配合企业战略实现的要求出发必须着力做好以下工作，以形成企业财务战略管理的基础：

（一）转变财务管理部门的工作重心

这种转变是基于财务管理本身完全可以为企业战略的制定提供最重要的决策支持信息。为了实现这种转变，财务管理部门把工作重心放在反映企业的资金流向、完整记录企业的历史信息、给决策部门提供财务信息上是不行的，而必须放在服务于企业的决策制定和经营运作上，要将更多的时间和精力投入支持企业发展的信息服务工作中，协助企业其他部门更敏捷地应对市场的变化，统筹安排企业资源，进行风险管理。

（二）切实体现财务部门的战略执行功能

财务战略管理最重要的职责，仍然是通过和其他部门的有效配合，来促进企业战略的顺利执行和有效实现。要想充分发挥其职能，最简单的办法就是深刻理解企业现阶段所制定战略的内涵、背景及其实现的优势和障碍，在此基础上根据企业战略来定位自己应思考和解决问题的战略导向。与传统财务管理活动有区别的是，财务战略管理是主动型的，主要是根据企业战略规划的总目标安排财务部门的工作。通常在制定战略时，企业财务部门已经做了大量的信息收集和分析工作，可以帮助企业制定适当的战略。

（三）建立多维的财务信息资源获取体系

借鉴现代理论研究成果，应该把企业财务分解成出资人财务（或所有者财务）和经营者财务。其中，出资人财务管理的目标是追求资本的保值和增值，出资人关注的财务问题主要包括投资收益、内部信息对称以及激励和约束等。因此，财务战略管理的制度安排、业绩评价指标等应充分体现出资人所关注的问题，财务管理体系主要应包括现金流量管理、制度管理、人员管理、预算管理、会计信息管理和内外部审计管理等。

经营者财务管理的目标主要在于保持良好的经营能力、盈利能力和偿债能力；权衡负债的风险和收益，维持理想的资本结构；提高企业资产的利用效率和效益等方面。经营者关注的问题主要应包括现金流量、成本控制、市场拓展、产品研发等。由此，经营者财务管理体系应涵盖现金流量管理、营运资本管理、投融资管理、经营者预算管理、税收管理、盈余管理、财务战略管理和风险管理等。实践中，财务管理部门应根据已经产生的基础财务信息，分别计算、分析上述两类指标，为不同财务信息主体提供其所需要的信息，实现财务部门的经营决策支持功能。

四、企业财务战略管理的特征

（一）关注企业的长远发展

每个企业都应该有一个明确的经营目标以及与之相应的财务目标，以此来明确企业未来的发展方向，为企业的财务管理提供具体的行为准则。只有明确了企业经营目标和财务目标才可以界定财务战略方案选择的边界，选择适合企业自身的财务战略。财务战略管理应具有战略视野，关注企业长远的、整体的发展，重视企业在市场竞争中的地位，以扩大市场份额，实现长期获利，打造企业核心竞争力。

（二）重视环境的动态变化

企业制定战略以外部经营环境的不确定性为前提，企业必须关注外部经营环境的变化，根据变化调整战略部署或采取有效的战略方案，充分利用有限的经济资源，保证企业在动态的环境中生存和发展。换句话说，财务战略管理就是要用一种动态的眼光去分析问题，它关心的不只是某一特定时刻的环境特征，还包括这些因素的动态变化趋势，关注这些环境特征的未来情形及其对企业可能产生的影响。

（三）关注企业核心竞争力的创造

企业财务战略的目标之一就是企业在激烈的市场竞争中具有核心竞争力。企业核心竞争力也是企业能够保持优势的关键，企业有了核心竞争力，就可以根据市场的变化不断调整和完善自身的经营策略。企业核心竞争力通常包括技术核心竞争力和财务核心竞争力。技术核心竞争力的创造来自正确的研发决策和技术更新决策，财务核心竞争力就是企业盈利能力的可持续增长，其培养来源于合理正确的投资决策、资本结构决策、营运资金决策等。企业核心竞争力通常体现为一个企业本身具备的综合实力。

（四）广泛收集财务及非财务信息

在竞争环境下，衡量竞争优势的不仅有财务指标，还有大量的非财务指标。许多非财务指标尽管不能直接反映企业的经营业绩，但对企业的长远发展起着至关重要的作用，如目标市场的占有率、顾客满意度等。因此，财务战略管理不仅应充分了解竞争对手的财务信息，还应尽可能收集竞争对手的一些非财务信息。

（五）重视企业社会效益的最大化

随着社会的进步，如顾客的合法权益保护、员工的社会福利保障、环境的保护等有关企业的社会责任问题越来越成为企业财务战略理论研究的热点。在当今的社会条件下，企业财务管理对象及其财务关系更加复杂，实现社会效益的最大化也应该成为企业财务战略管理的目标之一，从而要求企业在追求经济利益的同时，必须兼顾社会效益，自觉地承担相应的社会责任，否则将会影响整个企业生产经营系统的运行效率。从某种意义上说，企业承担社会责任有利于企业树立良好的社会形象，符合可持续发展的目标。

五、大数据时代下财务管理的转型

大数据时代下，数据的核心是挖掘蕴藏在数据中的宝贵信息，而要发现数据中所蕴藏价值的唯一途径就是对数据进行合理、深入的分析。因此，为了提高财务管理的效率，增强财务管理的效果，需要引入系统的解决方案，以应对数据激增所带来的挑战。面对大数据的挑战，财务管理转型首先要解决财务管理信息化的问题。企业要从信息化入手，将传统的账务处理、数据收集和分类等机械性的工作通过系统来完成，从而让财务管理人员有更多的时间来运用和分析数据，为企业的经营和决策带来更多的价值。随着财务自动化程度的加深，财务管理人员有更多的精力去洞察业务的变化。

大数据时代下财务管理所面临的不仅是财务数据，还需要收集和分析业务数据，这样综合起来才能对数据背后的实质有更为深刻的理解。在大数据时代下，财务管理不能仅局限在财务部门内部，也不能仅针对财务数据进行分析，而是需要"走出去"，与企业的其他部门更好地融合，要打破"数据孤岛"，将业务数据和财务数据有效地融合起来，这样才能为提升企业整体绩效提供帮助。这也将是大数据时代下财务管理所面临的挑战。传统的财务核算业务在信息化水平的提升下，其重要性将越来越弱化，大部分的财务核算工作将通过系统来实现。只有转型和创新才能让财务管理抓住时代的机遇，为企业经营发挥更大的价值。

如今，随着数据信息量的增多，以及系统分析手段的增加，财务分析的水平有一个质的提高。通过财务分析，财务管理人员对未来的经营能有一个更为准确的预测，能够将"事后分析"转为"事先引导"。此外，财务分析更富有洞察力，能够支持管理层做出准确的决策，将企业的资源有效配置在增长的领域，支持企业持续发展。大数据时代下，财务管理将面临前所未有的挑战，但是如果能很好地应对这一挑战，这又将是财务管理实现转型并提升自身价值的一个很好的契机。提高数据利用率和数据价值，不仅要使企业信息化的程度提高，还应该使企业内外部数据资源整合。而其中，财务管理应发挥主要作用，成为数据应用和分析的主导者，推动财务管理由财务核算逐步向决策支持转型。

在云计算应用模式下，新的管理方式能够被很快集成在云中，企业可以根据自己的需求选择相应的服务。由于系统部署在云端，软件服务和业务服务均可以在云端进行。财务管理的云服务化，使财务管理可以在任何地域实现。在财务管理活动中，企业内外部的相关数据信息都要通过财务流程来进行相应的处理，生成有利于决策的财务报表，其处理的数据量是巨大的。数据仓库、数据挖掘等技术的发展，为财务信息系统实现智能化、远程化、实时化提供了有力的技术支持，使得财务信息系统提供实时财务信息成为可能。由于国内企业信息化多发端于财务部门，原有的财务管理体系正按照信息系统的架构方式逐步进行配置与展开，信息化管理已经成为推动提升企业价值战略的重要杠杆，使得企业从管理型财务向价值型财务体系转型。

第二节 大数据时代下商业模式的创新

随着大数据影响的不断深入，数据已经渗透到多种行业的多个职能领域，并逐渐成为和人力、资本等同样重要的生产要素。商业模式的发展势必会受到大数据的影响，进而引起商业模式的创新。

一、大数据时代下商业模式创新的特点

大数据能够使企业改善、创新产品及服务，创造全新的商业模式，这是大数据创造价值的方式之一，也将成为未来企业竞争的关键。数据已经成为企业重要的资产和新商业模式的基石，甚至大数据本身被定义为一种全新的商业模式。大数据具有对目前商业模式进行创造性破坏的潜能，大数据时代下商业模式创新的视角包括大数据资源与技术的工具化运用、商品化推动大数据产业链的形成、大数据所引发的商业跨界与融合。

（一）由大数据引发的新型商业模式

新型商业模式的成功实现，促使越来越多的企业深刻思考如何获得大数据带来的商业价值，最终赢得独特的竞争优势。目前，由大数据引发的新型商业模式基本可以分为以下四类：

1.大数据自有企业商业模式创新

例如，一些拥有大量用户信息的公司，通过对用户信息的大数据分析，实现精准营销和个性化广告推介，改变了传统的营销模式。

2.基于大数据整合的商业模式创新

例如，一些公司通过整合大数据的信息和应用，为其他公司提供"硬件+

软件+数据"的整体解决方案。这类公司将改变管理理念和策略制定方法。

3.基于数据驱动战略的商业模式创新

一些企业开始意识到数据是企业的核心竞争力和最有价值的资产，希望能够对企业内部和外部的海量非结构化数据进行及时的分析和处理，以帮助企业进行决策，产生了基于数据驱动战略的商业模式创新。

4.出售数据和服务，有针对性地提供解决方案

一些新兴的创业公司会出售数据和服务，有针对性地提供解决方案。这些公司的商业模式更接近于把大数据商业化、商品化的模式。

（二）商业模式创新目标

在大数据时代下，商业模式创新目标包含以下四个方面：

1.产品创新

产品创新是指引入新的或显著改善的产品与服务，包括在产品技术特性、构成要素等方面的显著改进。在大数据时代下，产品与服务创新更多体现在利用数据仓库、数据挖掘等技术推进新产品的研发和新服务的提供上。

2.过程创新

过程创新是指实施新的或显著改善的生产和配送方法，如条码或无线射频识别技术的使用，改变了传统货物配送流程。在大数据时代下，过程创新体现在利用数据科学和大数据重新设计供应链，优化企业生产运作流程。

3.营销创新

营销创新是指实施新的营销手段，包括在产品设计或包装、产品渠道、产品促销或定价等方面的显著变化。大数据时代下的营销创新更多体现在微市场细分、精准广告投放、差别定价等方面。

4.组织创新

组织创新是指在企业的商业活动、工作场所中实施新的组织方法。大数据时代下的组织创新体现为在企业内部或企业之间实现信息与知识共享，引入供

应链管理、清洁生产、质量管理等先进管理系统，实现并行工程、协作开发，从而提升企业绩效。

（三）商业模式创新的综合特点

在大数据时代下，商业模式的创新综合来讲有以下两个特点：

1.更注重从客户的角度出发看问题

大数据基础之上的商业模式创新更注重从客户的角度出发看问题。商业模式在大数据背景中的视角更为宽广，具有着重考虑为顾客创造相应价值的特点。同时，商业模式创新即使涉及技术，也多与技术的经济方面因素、技术所蕴含的经济价值及经济可行性有关，而不是纯粹的技术特点。

2.更为系统且不受单一因素的影响

大数据基础上的商业模式创新更为系统，不受单一因素的影响。它的改变通常是大量数据分析的结果，需要企业进行大的调整；它是一种集成创新，包含公益、产品及组织等多方面的改变和创新，如果是某一方面的创新，则不构成模式创新，而是单一方面的技术或其他创新。

二、基于大数据的商业模式创新

通过上述模式综合评价方法的使用，本书已经确定了受大数据商业价值驱动的商业模式要素，即基于大数据的商业模式创新关键要素分别是价值主张、客户细分、关键业务、核心资源和成本结构。企业可以通过对这五个关键要素进行相应的创新设计，建立适应大数据时代要求的商业模式，从而充分挖掘大数据带来的潜在价值，提升自身的核心竞争力。

（一）基于大数据的价值主张创新

企业的价值主张指的是企业通过其提供的产品或服务所能够向其客户提

供的价值。而进入大数据时代后，由于各种数据，其中包括企业内外部的业务数据、客户数据、各类环境数据等的透明度急剧上升，并且更易广泛获取，因此企业的价值主张能够建立在对这些数据进行更加科学、深入的挖掘与分析之上。通过对这些数据的挖掘与分析，企业能够更加准确地把握客户的真实需求，明白客户的困扰，从而提供更加适应客户市场的产品或服务。

这类产品或服务能够给客户带来的价值将远高于以往非大数据时代下的产品或服务所带来的价值。此外，由于企业能够收集、存储和处理最广泛的数据，并且将企业内外部数据进行整合和分析，因此企业在提供产品或服务之前，能够通过开展各类可控的数据实验，预先判断其价值主张是否能够切实满足客户的需求，使得客户愿意购买本企业的产品或服务。而且进入大数据时代后，数据也成为企业迫切需要的战略资产，具备收集、存储和处理海量大数据条件的企业，还能够将数据加工成可供交易的产品，拓展企业的收入来源。

（二）基于大数据的客户细分创新

企业客户细分描述了可以传递价值主张的客户群体，也就是一个企业期望接触和服务的不同客户群体。企业采用大数据之后，就能够使用不同于以往仅仅依靠客户的基本属性进行细分的模式，通过收集客户所有相关的数据，利用大数据分析挖掘客户产品或服务消费行为背后隐藏的真实需求，按照这些真实需求进行企业客户的具体细分工作，从而可以更加科学且有效地辨别企业最重要的客户，将企业的价值主张传递给这些最需要的客户细分群体。基于大数据的客户细分将成为企业销售其产品或服务的重要基础。此外，依托大数据海量性与实时性的特征，企业可以在最短时间内获得客户的各项数据，从而为客户定制实时的产品或服务，充分提高企业的效率以及客户细分群体的满意度。

（三）基于大数据的关键业务创新

关键业务指的是企业为了确保商业模式切实可行而必须做的最重要的事情。在以往的非大数据时代中，企业的关键业务往往是技术研发、产品销售、售后支持等。但是进入大数据时代，数据分析成为企业运作一切活动的基础，包括企业的管理、决策、销售等都应该由数据来进行驱动，而不再是非大数据时代中由"经验"或"直觉"来进行驱动。因此，数据的收集、存储、处理与分析成为每一个企业致力于在大数据时代有所作为的关键业务。只有大数据方面的业务得以成功运作，企业的商业模式才能发挥其该有的价值。企业其他的关键业务都应该由数据业务进行指导和驱动，这也增加了企业商业模式运作的科学性、严谨性和有效性。将大数据收集、存储、处理与分析作为企业的关键业务将使企业受益良多。

（四）基于大数据的核心资源创新

核心资源指的是企业运作其商业模式最重要的因素。在非大数据时代，尽管很多企业也会进行大量的数据分析，但是相对而言，企业的核心资源往往是实体资产、金融资产等。但是进入大数据时代后，企业能够通过大数据的收集、存储、处理与分析来提高企业决策水平、管理水平，并且节省企业各项成本，提高企业产品或服务的质量，可以说企业运作的一切活动都建立在大数据分析的基础上。因此，数据包括企业内部和外部的各种结构化与非结构化数据，成为企业商业模式运转最核心的资源。

在大数据时代，如果某个企业对数据这项核心资源不够重视，那必然将落后于其竞争者，最终被市场淘汰。每个企业都需要通过各种努力，尽可能多地收集、存储各类数据，并且对这些数据进行高效、科学的处理与分析，从而提升自身的竞争力。此外，由于大数据兴起的时间不长，加之大数据相关分析需要高层次的专业人才，因此适应大数据时代的数据专家人才也是每个企业所必需的核心资源。只有将数据与具有相关处理能力的人才匹配，才能最大限度地挖掘大数据所潜藏的价值。

（五）基于大数据的成本结构创新

成本结构指的是企业为了能够有效运作其商业模式而引发的所有成本。在非大数据时代，企业的成本往往在更大程度上从提供产品或服务、销售产品或服务等活动中产生。但是进入大数据时代后，由于数据量已经超越了传统的数据存储和处理能力的上限，因此，为了能够更好地适应大数据的要求，企业必须在大数据收集、存储、处理与分析等环节中投入更多的资源，这些资源产生的成本将成为基于大数据的商业模式的主要成本，使得企业原有的成本结构发生较大的变化。企业只有了解到这一创新内容，并在此基础上优化其成本结构，才能够创造更加适应大数据时代的商业模式，使企业立于不败之地。

三、传统企业商业模式创新的整体分析

商业模式是为了企业创造价值存在的，而商业模式的创新能使企业创造更多的价值。由前文对企业商业模式的描述可知，从战略方面来看，企业最主要的目的是为客户创造价值，发现客户价值所在是制定企业战略的基础；从运营方面来看，企业以外部网络为支撑，通过一系列的产品流通或服务活动来创造价值，向客户提供产品或服务；从经济方面看，企业最主要的收入来源就是客户，客户价值的实现为企业自身创造了利润。

大数据的出现首先改变了客户的消费环境，使企业在制定战略时更加注重客户的价值主张。客户需求是企业商业模式利润的源泉，只有更好地满足客户需求才能为企业创造更多利润。其次，改变了产品的特性，如产品生命周期的缩短、产品种类的增加等，这些都要求企业的内部资源得到最大化的利用，企业提高效率，降低成本，优化产品流通过程，来应对多变的市场环境。最后，改变了企业与外部主体的关系，创造具有竞争力的关系网络，发挥潜在资源的价值，充分利用其他主体的渠道、技术等来探寻新的发展方式。

综上所述，大数据改变了企业的生存环境，在带来挑战的同时也为企业提供了新的机遇。面对大数据带来的挑战和机遇，企业要对自身进行改革以适应多变的环境。大数据对企业商业模式的各个要素都产生了一定的影响，从而影响了企业的整体运营，企业要积极应对大数据带来的这些改变，不断深入进行商业模式创新，以保持企业的竞争优势。

第三节 大数据时代下企业成本的变动与控制

企业之间的竞争归根到底是成本之间的竞争，成本优势是企业持续竞争力的重要构成要素之一。战略成本管理既是企业财务战略管理的一个着力点，也是连接企业财务战略管理与提升企业竞争力之间的桥梁和纽带。战略成本管理方法不仅可以作为企业财务战略管理的日常分析与管理工具，而且还有助于提高企业财务战略管理的质量和效率。

一、大数据时代下企业成本的变动

在不同的企业里，内部协调成本和交易费用受大数据影响的程度不同，下降速度也不同，具体受到组织结构、企业文化、技术特征、信息特征等组织特征的影响。因此，有的企业内部协调成本下降的速度快于交易费用，企业纵向边界不断扩大，企业规模也不断扩大，典型的发展模式是掌握数据的企业沿着产业链进行整合；有的企业内部协调成本下降的速度慢于交易费用，企业纵向边界不断缩小，企业规模也不断缩小，对外部资源的依赖性增加，典型的发展模式是以平台为中心实现资源的快速、低成本交换。

在很多行业，应用大数据有利于创造收入和开发新的商业模式。企业虽然拥有数据，但更重要的是拥有数据分析技术，因此利用这些信息改进运营，向客户提供额外服务，甚至代替当前为客户提供这些服务的第三方企业，由此可产生全新的收入流。另外，大数据时代的商业模式能更加有效地控制成本结构，使得实时成本控制变为可能。从安装在发动机中的传感器、智能手机中的电子监控到财务交易中的欺诈监测，大数据分析可以实时监控企业运营流程和销售情况，极大减少突发事件，从而有效控制企业成本。

企业应用大数据可以有效地降低内部协调成本，大数据在经济社会的广泛应用则能有效地降低交易费用，这两者的综合作用引起企业纵向边界的变动。成本管理是现代企业财务管理的重要组成部分，它对于促进增产节流、加强会计核算、改进生产管理、提高企业整体管理水平均具有重大意义。传统企业成本管理面临诸多问题，如相关成本数据不能及时取得，造成成本核算失误，成本控制多局限于生产环节，忽视流通环节，难以实现全过程成本控制。大数据时代下财务管理人员能够及时采集企业生产制造成本、流通销售成本等各类数据，并将这些海量数据应用于企业成本控制系统，通过准确汇集、分配成本，分析企业成本费用的构成因素，区分不同产品的利润贡献程度并进行全方位的比较与选择，从而为企业进行有效的成本管理提供科学的决策依据。

在大数据时代，传统的会计数据处理模式很难以低成本且有效的方式解决会计大数据问题。而会计云计算为企业集团的会计核算提供了很好的技术支持。会计云计算是一个能为企业提供全天候处理完整业务服务的操作平台，多家企业通过企业操作平台组成一个完整的虚拟网络，使得企业之间形成一条完整的信息链，实现企业间的协作与同步，进而实现企业业务和效益的优化。会计云计算可以像企业用电一样，按使用量进行付费，这就大大减少了购买会计计算所需的软硬件产品的资金，同时免去了耗力且耗时的软件安装和维护。不仅如此，会计云计算有很好的存储能力与计算能力，能对物联网中人的行为和物的行为产生的海量数据进行有效的存储，能快速地处理结构化数据和声音图像等非结构化数据。云计算模式下发展的数据仓库和数据挖掘技术能迅速有效地处理会计大数据问题。

基于数据仓库提供的大量原始数据，使用数据挖掘技术找到原始数据潜在的某些模式，这些模式可以给决策者提供有力的决策依据，从而有效地减少商业风险。会计云计算的客户并不需要清楚会计云计算在网络中的位置，只要有网络的支持，任何地点的客户都可以通过网络访问云计算服务。由于会计云计算提供虚化的、抽象的物理资源，这些资源可以被云计算提供商租给多个用户。会计云计算提供的资源规模是具有弹性的，在业务量增加时，资源规模会发生扩展；反之，资源规模则会收缩。但是这种动态变化的过程并不会中断会计云计算服务，其对客户也是透明的。云计算的资源使用是可以被计量且可被控制管理的，云系统可以根据计量进行服务自动控制并优化资源使用。可以说云计算是会计大数据的综合解决方案。

随着企业信息化和云计算的发展，企业在提供产品的方式、速度和质量上发生了变化，企业的组织流程、产品服务和业务模式有所创新。随着移动互联网逐步取代了桌面互联网，IT 企业给客户提供的不仅仅是产品，还可以是基于互联网的服务，IT 企业发生了由提供产品模式到提供服务模式的转变。在提供产品模式下，一般企业向 IT 企业采购应用软件、操作软件和服务器硬件时需要投入巨额的资金，而为了完成企业信息化，雇用相关的信息技术人员进行企业的信息存储和信息计算所消耗的费用更大。当然，也少不了维护费用。但是在提供服务模式时，与提供产品模式不同，IT 企业和客户旨在在特定技术目标或业务目标下实现交互行为。IT 企业可以向客户提供全套的信息化服务，企业不需要进行传统模式下的投资，只需要购买 IT 企业的信息化服务，获得信息化使用权，这就免去了一次性购买投资的巨额资金，随时支付购买服务的运营费用即可。

二、传统成本控制的局限性

在大数据时代，成本依然是影响企业竞争的主要因素，所以企业应该基于大数据的相关技术与工具并结合自身的具体情况，适时地探索出适合企业运行发展的成本控制模式。

由于网络信息技术的飞速发展以及人们生活质量的提高，人们对产品的需求也越来越高，出现了现代产品多样化的特征，由此造成了成本控制的复杂性。

传统的成本控制已不再适应当今企业经济活动，所以企业应正视传统成本控制的不足。

（一）控制缺乏全局意识

传统成本控制着重于产品的生产成本，相对忽视其他方面的成本；而对于生产成本的控制也侧重于对产品生产过程的成本控制，产品开发、采购、销售等过程的成本控制被忽视。企业的成本控制理应从企业生产经营的视角系统地审视，完整覆盖产品相关的整个过程，由此可见传统成本控制的方法难以切实发挥降低企业成本、提升企业经济效益的作用。

（二）成本核算方法不适应市场的发展潮流

我国现行的企业成本核算方法是制造成本法，根据这种方法，企业减少单位产品所分摊的制造费用，就会降低产品的单位成本，在销售量不变的情况下，企业的利润就会增加，这就导致了企业会不顾市场需求变化想方设法地提高产品的生产量，从而忽视了市场经济的发展规律。实质上，这种成本核算方法并没有降低成本，而是将这部分成本转化为存货存于企业当中。

（三）控制手段落后且效率低

传统的成本控制建立在原有信息处理模式落后的基础上，而没有考虑企业如今的信息化背景，没有或很少使用计算机，更没有充分利用互联网、EDI（Electronic Data Interchange，电子数据交换）等信息技术手段，致使信息不完整且传递不及时，导致企业内部信息系统不健全。并且，其在收集、整理和传递信息数据时仍采用手工处理方式，这一方式的特殊性致使大多数的企业只能运用历史资料进行决策，而基于历史资料所决策出来的成本控制也只能是事后分析，难以实现生产过程的实时分析。同时，手工处理方式比较繁杂，不仅耗费较多的人力、财力，而且人工出来的数据不如智能数据准确和及时，这就导致企业生产管理成本增加，管理层难以做出科学的、及时的决策。

三、企业成本控制现状

（一）全过程成本控制

对于企业来说，投资项目的目的是实现项目的"增值"，包括项目设计过程的增值和运营过程的增值。企业的成本控制不仅限于实施阶段的预结算管理，还包含投资决策阶段的成本估算、设计阶段的预算、实施前准备阶段的招投标和合同管理、后期项目运营维修费用。全过程成本控制涉及项目阶段长，而且各阶段的成本变化是连续的。根据"二八原理"（指一个系统中，80%的价值来自 20%的因子，而其余 20%的价值则来自 80%的因子），投资和设计阶段成本投入最小却对项目后期影响最大，用最小的成本做好投资估算和前期方案策划是成本控制的重点。

（二）矩阵式组织模式

目前，组织模式有直线式、职能式和矩阵式。随着项目的增多和企业的扩大，直线式和职能式已不能满足人员优化配置和信息的传递，因此房地产企业大部分采用矩阵式组织模式。所谓矩阵式组织模式，横向管理线为各部门，纵向管理线为各项目。信息的流程既有对于项目质量、成本、进度等方面的各部门审批，也有以各项目为主线的合同架构。横向和纵向的信息流增加了企业信息平台的开发需求，更需要专业化统计工具对各类信息进行统计分析。

（三）多个参与方

在市场经济环境下，投资项目的专业化划分涉及各个参与方，各参与方有共同的目标，也有不同的利益。完成项目和获得利益的前提是各方的共同合作，在各参与方沟通中会涉及大量数据，企业记录好数据，保证数据的准确性和连续性关乎利益的实现。

（四）多种软件的使用

在信息化时代下，项目管理已开发出各种软件。有针对流程信息的 OA 系统（Office Automation System，办公自动化系统）、ERP（Enterprise Resource Planning，企业资源计划）库存管理系统、客户关系管理软件、财务管理软件等。若要将各种软件涉及的数据标准化、集成化，就需要建立一个综合平台。

（五）信息孤岛

信息孤岛是指信息的拥有者们互不沟通，信息不能共享和协同。很多中小企业使用的系统是封闭的，跟外界并未链接起来，或许并未进行系统公开，所以被称为小 ERP，存在信息孤岛现象。这些企业使用的财务信息化系统是在会计软件上加进销存软件，再与客户关系管理系统和供应链系统等多个单独系统组合在一起，这些系统各自为政，底层数据的结构没有得到良好的梳理，很多功能没有办法实现。

综上所述，企业成本控制需要建立一个综合信息平台和数据存储系统，将企业内的各种系统和各部门与企业外的各参与方需要的数据进行集成化、标准化，并进行数据的挖掘和分析。

四、大数据时代对企业成本控制的影响

企业成本控制的对象是针对成本发生的整个过程的，主要包括研究开发、生产制造和商品流通过程中所发生的成本控制。企业每一项经济活动都会产生数据信息，只要合理收集企业每一具体环节所产生的数据信息并用专业的软件进行分析，就能将企业成本控制的效果量化出来，所以在信息技术日益发展的今天，将大数据与企业的成本控制相结合是大势所趋。

（一）研究开发阶段

1.市场分析

设计者在产品研究和开发阶段，往往会跟随潮流，追求产品的个性与性能而忽视产品的经济性，但是在市场中不一定能获得预计的销量，如果不被客户看好，很可能就会以较低的价格处理，这会让企业出现较大的损失。所以市场分析的任务有两个部分：第一，是弄清楚客户是谁及其需求是什么，客户的各种需求取决于客户自身的特点。因此，第一个问题是确定哪种客户有更高的概率购买产品，搞清楚谁是最有前途的客户。第二，是挖掘潜在的客户。大数据时代下，企业可以从个人的浏览记录和首选的网站中获得其最近的搜索与购买记录，并据此推测出个人偏好和行为习惯，从而预测其需求。设计师可以充分参考这些数据，将客户的各种偏好与需求量化出来，使设计出来的产品真正符合客户的需求，在较短的时间内占领较大的市场。

2.产品设计

根据市场分析，企业已收集到客户大量关于产品需求的数据，并且还预见到潜在客户的需求，下一步就是企业应实现需求向具体功能的转化。QFD（Quality Function Deployment，质量功能展开）法是一种在设计阶段应用的系统方法，它能把来自客户或市场的需求转化为产品开发和生产的每阶段的具体要求。当然，传统意义上的 QFD 法已不再适应于高速爆炸的数据时代。因此，有必要提出一种新的基于大量数据及各种分析技术和算法的 QFD 法来应对大数据的挑战。针对概念设计中的功能要求，基于互联网和 Web 技术找出满足设计要求的解决方案，并参考相关的案例，可以为新产品提供全面的指导。

（二）生产制造阶段

1.采购

材料的采购考虑的不仅是价格低廉，事实上，还要考虑材料的质量、供应商的信誉以及企业的内部生产情况等方面。在网络信息发展迅速的今天，线上采购的方式越来越普遍，线上采购不仅可以获得原材料，包括价格、质量、评价、产地、用途等数据信息，而且可以获得多家供应商的历史表现及声誉等信息，企业可以运用各种先进的数据分析方法择出最优的供应商，如层次分析法（Analytic Hierarchy Process，AHP）对选择不确定的供应商具有一定的参考价值。除此之外，企业作为采购方还有较强的议价能力，可通过线上与择出的供应商交流协定出合理的价格。与传统的采购相比，采购人员就不需要亲自到供应地去挑选及论价，其可以在计算机或手机上完成下订单和支付货款的程序，这样不仅能提高企业的办事效率，还能省去采购人员的薪金以及来回的差旅费。此外，采购不是企业独立存在的经济活动，须从全局出发，联系仓储与生产等部门，结合企业的仓储条件与生产的规模条件，分析出最佳订购批量。

2.生产

生产成本包括材料、人工和制造等费用。其中，材料费的控制主要是尽可能防止浪费行为发生；人工费的控制主要是提高工人的生产效率；制造费的控制主要归结于生产车间的费用控制，如避免在温度适宜时开空调、在光线充足时照明、在某机器可以维修时选择报废等费用浪费。在大数据时代，对生产过程进行数据信息全程监控，通过电量数据变化表，检查在白天的时间段内是否关灯、关空调；根据机器维修记录表，检查是否存在零件替换的情况。借助大数据对生产车间进行实时控制，可以很好地降低生产成本，实现企业的控制目标。

产品模拟和测试是生产环节一个不可缺少的阶段，特别是对于由各种小部件组装的复杂大产品，每个组件的故障都影响着产品的正常操作。此时，大数据应用于航空工业的自动测试设备（Automatic Test Equipment，ATE）可以应用到产品的生产环节中，这是因为制造环境生成的测试数据量比较庞大，企业可以将标准的参数输入系统，然后由系统自动检测所生产的零件是否合适。通过一系列的测试与模拟，企业能很大程度地保证所生产的产品符合规定的需要，减少产品被退回的风险，从而降低不必要的成本。

（三）商品流通阶段

1.销售

在实体店销售中，地理位置的因素会使企业的销售市场受到局限，而网络销售就可以避免这一点，只要网络面向的人群扩大了，自然而然地就会增加销售量。至于在哪个网络电子商务平台上销售，企业可以在收集各个网络电子商务平台的信誉、受欢迎度和销售量等数据信息的同时，结合该网络电子商务平台上同类产品的销售价格、销售数量、销售潜力等信息进行综合考虑。网络销售可以比较容易地获得客户的资料，企业可以据此分析出客户的职业、年龄和爱好等，也可以看到有哪些潜在的客户，并针对不同类型的客户，制定不同的营销方案，刺激其消费行为。企业还可以收集客户在网络电子商务平台上对产品的反馈信息，针对客户提出的要求与建议，汇成数据信息上传企业内部系统，供设计部门参考修改，以便生产出客户满意的产品。大数据在销售阶段的应用在预计提高企业销售量的同时，也可以直接或间接减少销售成本。

2.配送

在电子商务快速发展的今天，网络销售逐渐代替传统的实地销售，慢慢成为企业主要的交易形式，这时，物流就显得尤为重要，所以企业在物流合作方的选择上，除要考虑经济成本之外，还要考虑速度。由于物流企业的特殊性，针对不同地区，其收费标准不同，因此有必要利用 Excel 等软件汇总众多物流企业的数据信息，并针对不同的订单输入相关的区域、批次等条件进行约束；根据客户购买区域的不同，为其选用不同的物流方，确保客户在最短的时间内收到产品。这在减少物流成本的同时，某种程度上增加了客户对产品的满意度。此外，企业针对订单多的情况，需要建立一个订单物流的查询系统，以提供有关的产品状态和物流位置的信息，这样客户和企业都可以知道产品的位置，确认产品是否到达，进而减少丢件的可能，在很大程度上约束了物流方的行为。

3.售后服务

对于企业来说，每天都有各种各样的产品在世界各地被生产、销售和运输，与不同背景的客户建立和保持良好的关系是一项艰巨的工作。随着软件操作的复杂性不断增加，由于客户的不准确行为，产品无法正常运行的现象也不断增多。虽然每个注意事项都已在说明书中阐明，但当涉及高精度、有价值或风险的产品时，客户始终需要企业教授产品的使用方法。对此，企业可以上传相关的使用视频与常见的问题解决办法，使客户可以自行操作并解决基础的问题。随着商业智能化的发展，网上查询是不可缺少的，将大数据技术作为一种有效的方法引入客户服务过程中，不仅增加了客户的满意度，还省去了相关人员的工资。

第四节 大数据时代下市场的精准定位

企业在收集和处理大数据时，将不同的海量数据源进行结构化管理、筛选和转化，引用可视化技术对结果进行分析，使之能够为企业的商业智能获取与应用。同时，摒弃"从数据到信息再到决策"的研究思路，而走"从数据发现价值直接到决策"的捷径。只要对企业重大经营决策有用的数据分析法，通过大数据技术的变量定义、不确定与价值建模，都可以对企业财务战略管理进行风险量化分析，进而提高财务战略管理的科学性。大数据为企业财务战略管理提供了崭新的环境和前沿的视角，给企业财务战略研究带来了深刻的影响并促使其不断地创新和变革，为适应企业在大数据时代获取核心竞争力的需求，企业财务战略管理将走传统方法与大数据技术相结合的发展道路。通过大数据技术增强企业在大数据时代下的数据分析与应用能力，提高企业财务战略管理的效率和能力。

一、市场容量：大数据助挖市场潜力

企业通过分析大量数据可以进一步挖掘市场机会和细分市场，对每个群体量体裁衣般地采取独特的行动。获得好的产品概念和创意，关键在于企业如何去收集消费者相关的信息，如何获得趋势，挖掘出消费者头脑中未来可能会消费的产品概念。用创新的方法解构消费者的生活方式，剖析消费者的生活密码，才能让吻合消费者未来生活方式的产品研发不再成为问题。如果了解了消费者的密码，就可以获知其潜藏在背后的真正需求。

大数据分析是发现新消费者群体、确定最优供应商、创新产品、了解销售季节性等问题的最好方法。因此，企业营销者的挑战将从"如何找到企业产品需求的人"变为"如何找到这些人在不同时间和空间中的需求"；从过去以单一或分散的方式去形成和消费者的沟通信息与沟通方式，到现在如何和消费者即时沟通、即时响应、即时解决其需求，同时在产品和消费者的买卖关系外建立更深层次的伙伴间的互信、双赢和可信赖的关系。通过对大数据进行高密度分析，能够明显提升企业数据的准确性和及时性，从而缩短企业产品研发时间，提升企业在商业模式、产品和服务上的创新力，大幅提高企业的战略管理水平。大数据有利于企业发掘和开拓新的市场机会；有利于企业将各种资源合理利用到目标市场；有利于制定精准的经销策略；有利于调整市场的营销策略，大大降低企业经营的风险。

企业利用用户在互联网上的访问行为偏好，为每个用户勾勒出一幅"数字剪影"，为具有相似特征的用户组提供精确服务以满足用户需求，甚至为每个用户量身定制服务。这一变革将大大缩减企业产品与最终消费者的沟通成本。

二、方向选择：大数据提高响应能力

当前，企业管理者更多还是依赖个人经验和直觉进行战略管理，而不是基于数据。在信息有限、获取成本高昂且没有被数字化的时代，让身居高位的管理者进行战略管理是情有可原的，但是在大数据时代，就必须让数据说话。大数据能够有效帮助各个行业的用户做出更为准确的商业战略，从而实现更大的商业价值，它从诞生开始就是从战略的角度出发的。虽然不同行业的业务不同，所产生的数据及其所支撑的管理形态也千差万别，但从数据的获取、数据的整合、数据的加工、数据的综合应用、数据的服务和推广，以及数据处理的生命线流程来分析，所有行业的模式是一致的。

这种基于大数据的战略管理有几个特点：第一，量变到质变。由于数据被广泛挖掘，战略管理所依据的信息完整性越来越高，有信息的理性战略管理在迅速扩大，拍脑袋的盲目战略管理在急剧缩小。第二，战略管理技术含量、知识含量大幅度提高。由于云计算的出现，人类没有被海量数据所淹没，能够高效率驾驭海量数据，生产有价值的战略管理信息。第三，大数据战略管理催生了很多过去难以想象的重大解决方案。在宏观层面，大数据使经济决策部门可以更敏锐地把握经济走向，制定并实施科学的经济政策；而在微观层面，大数据可以提高企业经营战略管理水平和效率，推动创新，给企业、行业领域带来价值。

在企业管理的核心因素中，大数据技术与其高度契合。管理核心的因素之一是信息收集与传递，而大数据的内涵和实质在于大数据内部信息的关联、挖掘，由此发现新知识、创造新价值。两者在这一特征上具有高度契合性，甚至可以称大数据就是企业管理的又一种工具。

对于任何企业来说，信息即财富，从企业战略着眼，利用大数据充分发挥其辅助管理的潜力，可以更好地服务企业发展战略。大数据时代下数据渗透在各行各业中，并渐渐成为企业的战略资产。数据挖掘和分析不仅能帮助企业降低成本，如库存或物流，改善产品和决策流程，寻找到并更好地维护客户；还可以通过挖掘业务流程各环节的中间数据和结果数据，发现流程中的瓶颈因素，找到改善流程效率、降低成本的关键点，从而优化流程，提高服务水平。大数据成果在各相关部门中传递和分享，还可以提高整个管理链条和产业链条的投入回报率。

三、战略基础：大数据优化战略决策

（一）大数据能给企业战略决策提供丰富的数据源

传统的战略决策因为数据稀缺而依赖于管理者的经验，而大数据可以保证从问题出发而不用担心数据缺失或数据获取困难。进入21世纪以来，随着互联网技术和通信技术的发展，传感设备、移动终端等接入互联网络中，各种传感数据、物联数据、统计数据、交易数据从各行各业中源源不断地快速生成，并在网络上传输各种图片、声音、文字以及背后用户的习惯和轨迹，形成了互联网上的海量数据资源，这为管理者进行决策分析和制定决策方案提供了丰富的数据来源。

大数据时代下，企业的战略需求也发生了重大转变，关注的重点转向数据及基于数据的价值分析。如今随着云计算和物联网的迅速普及，各企业增强了对数据资产的保存和利用意识，以及通过物联网、大数据对产业进行变革的意愿，企业通过收集、分析大量内部和外部的数据，获取有价值的信息，通过挖掘这些信息，企业可以预测市场需求，进行智能化决策分析，从而制定更加行之有效的战略。

（二）大数据能提高企业战略决策的质量

企业经营的成败首先取决于战略决策的正确与否，而决策的正确与否则取决于数据和信息的质量。正确的数据与信息能减少决策中很多不确定性的因素。企业管理的性质和外在环境都发生了巨大的变化，企业组织机构更加庞大，管理功能更加复杂。企业之间的联系越来越紧密，企业间的边界更加模糊，企业的人力、财力、物力资源必须在全球范围内重新组合和优化配置。另外，消费者需求个性化、差异化、异质化的特征变化明显，影响决策的因素更加复杂和多样化。

管理者需要根据多个影响因素和相互间的关系进行决策，其难度越来越大，单凭其洞察力、智慧、知识和经验等作为基础的传统决策方法已远远不能满足日益复杂的管理决策需要，这将导致战略定位不准，存在很大风险。因此，现实管理的实践要求决策走向科学化，将定性决策与定量决策相结合，而大数据技术的发展为它提供了实现的可能性。

大数据时代下，企业对数据的依赖性有增无减，以数据为基础的定量分析方法逐渐取代以经验、直觉等为基础的定性分析方法。基于大数据的分析，需要多种技术的协同，大数据的真正优势是对海量数据的自动化、智能化收集、统计和分析。基于大数据的分析报告更加全面、客观和直观，大数据也正在成为一种新的调研方式，以辅助管理者进行企业战略决策。

（三）大数据能提升战略决策者的洞察力

大数据时代下，数据逐渐成为企业最重要的资产之一。企业越来越依赖于数据分析做出战略决策，而不是凭借管理者的经验和直觉，企业管理者必须快速从积累的业务数据以及无处不在的网络信息中获得洞察市场和客户的能力。

四、大数据精准定位的应用

当今时代，大多数企业已经意识到运用大数据技术可极大提升企业市场定位的精度，同时随着科技的进步，越来越多的新技术将会被运用到企业的市场定位中，使其发生新的变化。

（一）对客户的精准识别

魏伶如指出，作为产品的生产者，企业可以运用大数据技术分析定位有潜在需求的消费者群体，并针对这些群体开展有效的推广活动，以刺激消费者对产品的购买。对于已经购买企业产品的消费者，企业可以通过对其消费数据的分析来把握其购物习惯，并向其推送符合购买倾向和消费偏好的定制化产品。同时，企业也可以根据潜在消费者的不同特征将其标签化，再用针对性的活动或侧重的方式对这类群体进行精准的营销定位活动，促进商品的销售。

通过大数据精准市场定位，企业也可以对流失的客户进行挽留，如对于竞争对手流失的客户，企业可以对其信息进行收集，精准定位其偏好，开展针对性的推广活动，促使其转变为本企业的客户；针对那些长时间没有购买本企业产品和服务的客户，企业可以对其进行精准的分析，向其推送感兴趣的产品和服务，以使其重新成为企业的客户。

葛洪波指出，大数据精准定位能使企业识别不同的消费者，差别对待这些消费者，并针对不同的消费者开展不同的定位推广活动，提高企业产品的市场份额。

（二）数据库的协同整合

随着信息技术的不断发展，企业从单一媒介收集来的消费者的碎片化信息已经不能满足要求，企业需要数量更多、类型更加复杂的消费者信息。可以预料到，随着大数据技术的发展，企业可以把接触消费者的各种媒介融合起来，使这些媒介的数据能够相互联通和共享，这样就可以把分散在各处的消费者信息收集起来。当前，企业还处于把消费者的碎片化信息整合在一起的初级阶段，但是随着技术的发展，打通跨平台、跨终端、跨媒介的多维度信息融合将会在未来实现，在未来的数据库中，消费者的主观信息和客观信息将会集合在一起，以方便企业进行深入的研究。

（三）大数据的深度计算

当前，企业使用的大数据挖掘技术和可视化技术已经能实时地存储和分析消费者的交易行为和消费过程。随着科技的进步，数据深度挖掘技术将会更加先进，数据运算的速度将会越来越快，更加先进的数据技术将会分析消费者的思考方式，对消费者行为的把握也会越来越准确。

大数据时代下，深度计算使消费者对产品的消费过程能够以数据的形式完全展现在企业面前，也指引着企业的市场定位活动，使其更加精准地开展。运用该技术，企业可以更加精准地把握消费者的习惯和偏好，生产出满足其需求的产品。但是可以预见，随着消费者对产品要求的日益苛刻，消费者将会不满足于消费现成的产品，提供满足消费者需求的"定制化产品设计"将会成为开展大数据市场定位活动的主流趋势。

第七章 大数据时代下的企业财务管理创新

第一节 大数据时代下企业财务管理思维创新

近年来，随着信息技术和网络技术的快速发展，大数据日益成为各界关注的焦点，企业财务管理体制的改革也迫在眉睫。大数据技术的融入，为财务管理方式带来了颠覆性的变革，为企业创造了前所未有的价值。然而，在财务管理中面临的挑战也不容忽视。庞大的财务数据量、繁杂的数据处理过程、受限的技术支持以及数据安全性的隐患，这些都对企业财务管理的健康发展构成了严重制约。

在大数据时代下，如何创新财务管理方式，以应对大数据环境带来的新挑战，成为企业必须面对的问题。探讨大数据时代下企业财务管理面临的挑战，以及创新的思路和方法，对于推动企业财务管理的健康发展，具有非常重要的意义。这不仅关乎企业的经济效益，更关乎企业的长远发展和持续竞争力。

一、大数据时代给企业财务管理带来的机遇

在大数据时代下，企业财务管理面临三大机遇：增强财务信息的有效性、大幅降低企业的财务风险和打破部门间的信息壁垒。

（一）增强财务信息的有效性

在大数据时代下，增强财务信息的有效性已成为企业财务管理亟待把握的机遇。大数据以其海量且丰富的数据资源为基石，通过深度挖掘与分析，能够精准揭示出有价值的财务信息，进一步优化财务信息的使用效能。这不仅有助于企业更加精准地进行财务分析与决策，更为企业制定战略提供了强有力的数据支撑。

（二）大幅降低企业的财务风险

在大数据时代下，企业财务管理不仅迎来了新的机遇，更在降低企业财务风险方面发挥了关键作用。财务管理作为企业运营的核心环节，具有一定的风险。然而，在大数据技术的支持下，企业能够更精准地捕捉市场动态，通过深度挖掘和分析各类数据，精准识别出经营活动中潜在的高风险点，不仅有助于企业实现财务工作的优化配置，还能提前制定预防风险的控制战略，为企业提供更为科学的规划。

（三）打破部门间的信息壁垒

在大数据时代下，打破部门间的信息壁垒，为企业财务管理开启了全新的篇章。在这样一个环境中，企业财务管理迎来了前所未有的机遇。各部门、各层级的数据信息得以互联互通，组织结构也实现了深度融合与整合，以创新的、开放的姿态有效解决了信息孤岛的难题。各部门间的协同数据分析，不仅促进了信息的高效流动，更为企业的财务管理工作提供了强有力的支撑，确保了企业财务管理工作的顺利进行。

（四）财务数据处理技术的局限

在大数据时代下，财务数据处理技术的局限性日益凸显，给企业财务管理带来了前所未有的挑战。当前，尽管众多企业尝试运用大数据技术来优化财务管理，但仍有诸多缺陷亟待弥补。这些缺陷主要源于企业硬件条件的不足，许多企业在数据存储和数据处理能力上捉襟见肘。同时，大数据应用软件在财务管理方面也暴露出薄弱点，如软件更新滞后、大型数据仓库建设不足等问题。此外，财务管理人员缺乏深入分析和应用大数据的能力，使得财务管理面临诸多困难。

（五）传统的事务性财务管理已无法满足现代企业管理的需要

在大数据时代下，只有确保会计核算的精准与及时，才能为企业带来明智且迅速的决策支持。尤其面对海量的数据、不断涌现的新技术以及日新月异的商业模式，传统的、仅停留在数据表面的财务管理方式已难以满足企业持续发展与变革的需求。因此，财务管理应更为积极主动地融入企业运营，从事务型财务管理逐步转型为"经营—管控型"财务管理，更加注重数据的实时性与财务数据的深度融合。

在大数据时代下，各类与企业相关的数据层出不穷，其中不乏看似有用但实则与企业无关的内容，同时也有看似微不足道却与企业发展战略紧密相连的要素。然而，处理这些数据不仅需要投入大量的人力和物力，更需要企业具备金融、数据分析等专业领域的复合型人才，以确保企业能够在纷繁复杂的数据中把握数据的核心，为企业的发展提供有力的支撑。

（六）现代企业管理已经不满足于事后管理

随着市场竞争的日益加剧，数据的时效性越发受到人们的关注。在这样的背景下，财务管理人员的大数据整合与分析能力需要进一步提升。财务管理人员需要从海量数据中提炼精华，简化复杂信息；根据管理需求，灵活地从多个维度对财务数据进行深入分析；同时，利用大数据准确预测未来的发展趋势。这些能力对于企业的运营决策具有极其重要的指导意义。

借助大数据强大的数据分析能力，企业能够摆脱烦琐工作的束缚，实现财务管理的优化与升级。通过建立数据仓库和数据分析平台，企业不仅实现了财务管理的高效化，还实现了财务管理的远程化、智能化、实时化。此外，大数据通过对非财务数据的收集、整理和分析，如财务信息、人力资源等，为企业决策提供了强有力的数据支持，有助于帮助企业减少决策失误，降低风险，使财务管理更具前瞻性和智能化，从而进一步优化企业的内部控制体系。

（七）实现业务与财务数据的协同

通过深入的大数据分析，企业能够精准地优化各部门及子公司的人力资源配置。在顺应时代潮流的同时，企业需要构建创新的财务模型，从而高效、便捷地分配各类资源，实现成本削减、资源节约和效率提升，为企业的科学发展奠定坚实基础。

为了适应新技术驱动的商业模式变革，企业将在纵向与横向两个维度上展开战略部署，并推进一系列的重组与合并。然而，若财务管理仍固守传统的事务型财务管理模式，不仅无法为企业的并购提供有效的价值评估或融资支持，而且还会由于企业间经营方式和管理水平的差异，使得企业的整体管理变得更为复杂和困难。

因此，如何将业务数据与财务数据的协同性与子公司的管理需求相结合，以提升企业的管理水平，已成为企业在大数据时代面临的迫切挑战。单纯依赖月度或年度的财务报表分析，已无法满足企业的管理需求。

（八）促进财务管理信息的挖掘

在大数据时代下，企业已不再仅满足于传统的财务报告，而是借由大数据分析，深入探索财务管理的广阔领域。以计算机为核心的大数据处理平台，为企业提供了高效的数据管理工具，显著提升了财务管理水平。然而，许多企业在分析业务发展状况时，往往仅停留在表面的数据分析和信息汇总，缺乏对业务、客户需求的深度洞察。为了降低管控风险，管理者在决策前应对所掌握的数据进行客观、科学和全面的分析。

为了在竞争中占据优势，企业需要强化领导力，并采用先进的管理模式。除了传统的企业数据平台，构建一个融合图像、文本、社交网络、微博数据等内容的非结构化数据平台至关重要。该平台不仅支持内容挖掘和企业搜索，还能进行信誉度分析、舆情化分析和精准营销。通过该平台，企业可实时监测和监控数据变化，提供实时的产品和服务优化建议。

企业的创新、发展和改革，在依赖传统数据的同时，还需要在日常业务中运用非结构化数据和流数据，实时记录并处理产品、流程和客户体验。通过融合同类数据并协作分析，企业能够打破传统的商务分析模式，从而推动业务创新与变革。企业可以将微博、社交媒体等平台上的文档、文章移至非结构化数据平台，进行词汇、句法、情感分析以及关系实体识别。这些分析有助于用户获取更真实、更具经济价值的信息，加强股东对企业管理层的监督，有效缓解部分中小企业的融资难题。

（九）加大财务管理信息对企业决策的支持力度

在大数据时代下，企业能够轻松获取多维度、海量的数据信息。然而，传统的工作模式显然已无法应对复杂多变的数据挑战。幸运的是，大数据环境为企业提供了构建预测分析系统的机会，该系统能极大减轻繁杂的数据监测和识别工作，为企业赢得宝贵的决策与分析时间。

企业应考虑建立自主大数据平台，确保在核心数据方面拥有主导权。这不仅能为客户提供增值服务，还能让企业深入了解客户的消费习惯。同时，加强与移动互联网、电子商务、社交网络等大数据平台的战略合作至关重要，企业应通过构建数据与信息共享机制，充分整合对客户有用的信息，实现金融服务与移动互联网、电子商务、社交网络等领域的深度融合。

此外，大数据的兴起极大地推动了企业财务管理组织结构的变革，为优化企业的财务管理工作带来了契机。大数据不仅彰显了企业管理的信息化水平，更是企业财务管理者整合内部数据资源的有力工具。因此，在企业聚焦财务战略的过程中，财务管理者必须紧握经营分析与管理的权力，将企业财务战略管理的范围拓展至数据供给、分析和资源配置等领域，积极推动财务组织由会计核算向决策支持的转型。

（十）提高财务管理信息的准确度

财务报告编制的核心在于财务管理信息的准确度，然而，当前的财务数据及相关业务数据在编制过程中常因技术局限而被忽视。由于缺乏高效的技术手段，与企业决策紧密相关的部分数据因此难以得到及时、全面的收集；同时，因分类标准的不统一，数据的集成和利用变得尤为困难，导致财务报告编制的效率大打折扣。这直接影响了财务管理信息的准确性，导致大量财务数据在报表生成后未能充分发挥其价值。

然而，大数据技术的崛起为企业处理海量数据提供了新的可能性，不仅提高了数据处理的效率，还增强了数据的精确性。然而，当前企业面临的一大挑战是财务管理人员对信息化数据处理的能力不足，缺乏对大数据技术的深入了解。同时，技术人员虽然具备一定的信息化处理能力，但往往难以从海量的财务数据中提取出对企业具有实际价值的信息。

因此，随着信息技术的不断发展，企业应高度重视复合型人才的培养与引进，特别是在财务管理领域。在大数据时代下，财务数据越来越多地以电子形式呈现，这就要求财务管理人员迅速适应这一变化，对数据进行集中处理，提取有价值的信息，并构建符合企业需求的新型数据分析模型。这样，企业才能更有效地存储和配置资源，从而做出最优的财务决策。

（十一）促进财务管理人员角色的转变

从企业的财务管理视角来看，大数据为企业财务工作带来了前所未有的机遇，推动其从基础的记账复核、简单报表分析向先进的管理会计模式的转型。大数据的高效利用不仅能有效辅助企业的财务工作，还能突破常规分析手段的局限，实时评估企业的财务状况和经营结果，精准捕捉运营过程中的问题，为改善企业运营管理提供明确的指导。

企业管理者应深刻理解，在大数据时代下，影响投资决策的因素远不止于金融信息。一个完善的大数据系统，能够为企业提供战略分析、商业模式分析、财务分析和前景分析等全方位的决策支持，由此系统生成的报告不仅涵盖企业的财务绩效，还融合社会、环境和商业等多维度信息，全面展示企业的战略方向、治理结构、绩效成果和发展前景。

此外，随着大数据的广泛应用，企业的报告中也日益重视非财务信息的占比，力求更准确地反映企业全貌。CFO（Chief Financial Officer，首席财务官）作为企业财务管理的核心角色，在大数据时代下的价值创造作用越发凸显。CFO 通过财务云等先进管理技术，深入分析处理海量财务和商务数据，挖掘有价值的信息，优化业务流程，合理分配资源，为企业的持续发展创造更多价值。为此，CFO 需进一步加强对企业经营活动的响应能力、风险控制和辅助决策能力。

对于普通从业者而言，大数据时代下的数据处理能力显得尤为重要。随着财务数据逐渐电子化，财务管理人员必须熟练掌握计算机技术，从海量数据中提取有用信息并将之有效应用。同时，日趋复杂的财务环境对企业财务管理提出了更高的要求，培训成为提升员工综合素质的有效途径。因此，企业应结合实际情况，聘请资深专家指导财务管理人员的工作，激发其学习热情，提高其业务处理能力。

二、大数据时代下企业财务管理面临的挑战

（一）财务数据的数量大且繁杂

在大数据时代下，企业财务面临着前所未有的挑战。由于数据量庞大、种类繁多，财务数据的处理变得日益烦琐，不仅庞杂的数据加剧了处理难度，而且数据采集的复杂性也构成了企业财务管理的一大难题。因此，如何迅速而准确地分析、处理财务信息数据，提升财务管理的效率和精准度，已成为企业亟须解决的问题。

（二）财务数据的安全系数较低

在大数据时代下，财务数据的安全性不尽如人意，这无疑给企业财务部门带来了严峻挑战。随着网络技术的飞速发展，众多企业纷纷选择引入软件以替代传统的人工记账方式。然而，在这样一个信息爆炸的时代背景下，财务信息安全意识的薄弱却成了一个不容忽视的问题。由于财务数据的安全系数尚未达到应有的标准，极易导致财务信息被篡改与滥用，进而引发数据计算的偏差与失误。因此，如何在大数据时代下对财务管理进行创新研究，以提升数据安全性，显得尤为迫切。

三、大数据时代下财务管理的创新思维

大数据为企业财务管理带来了前所未有的机遇与挑战。为了能在这个大数据驱动的时代中立足并持续发展，企业必须以创新思维为引领，推动财务管理工作的跨越式进步。在大数据时代下，财务管理思路的创新主要体现在以下几个方面：

（一）创新大数据财务管理系统

在大数据时代下，如何有效提升企业的财务管理水平已成为企业亟待解决的关键议题。面对这一挑战，企业需深入探索如何在大数据的浪潮中推进企业财务管理的革新。为此，构建标准化的财务服务平台和大数据财务管理体系显得尤为关键，这将助力企业的会计管理走上更加标准化和科学化的道路。

借助先进的大数据财务管理系统，财务管理人员能够高效地进行数据收集、深入分析、精准整理和科学评价。这一过程将帮助财务管理人员从海量繁杂的信息中提炼出有价值的数据，进而对企业的财务状况进行准确评估，并针对在当前生产经营中遇到的问题进行深入分析。更为重要的是，通过系统的预测功能，财务管理人员能够对企业和行业的未来发展趋势做出精准预判，为企

业生产活动的科学管理与调控提供有力支持，最终实现企业的统一经营与管理目标。

（二）创新财务数据的处理技术

在大数据时代下，财务数据处理技术的创新无疑是企业财务管理创新的关键环节。为确保企业能够精准地进行数据分析，创新财务数据处理技术应聚焦于三个核心要点：

第一，企业应深化对大数据技术的认识，并加大在财务管理硬件方面的投入。这包括但不限于大数据的收集、网络通信、存储、计算设备，以及可视化、可感知化等先进设备，以夯实数据处理的基石。

第二，企业需加速财务管理软件的更新迭代。以最新的财务管理制度为基石，强化对网络财务软件的管理，紧跟时代步伐，持续更新企业的财务管理方式。同时，定期对财务管理软件进行改进和升级，并严格评审，确保大数据技术在企业财务管理中始终保持前瞻性。

第三，提升企业财务管理人员的业务素质至关重要。从财务管理的视角出发，构建一支高素质的大数据财务人才队伍，是企业财务管理工作的坚实保障。在实际工作中，既要积极引进大数据领域的专业人才，又要加强对现有财务管理人员的大数据知识培训，特别是要提升其大数据综合处理与应用能力，以打造一支高效的大数据人才队伍，使其能够更好地为企业的财务管理服务。

（三）创新财务数据的安全管理

在大数据时代下，对财务数据安全性管理的创新已成为财务管理创新的重要一环。在大数据时代，财务数据暴露于开放式的网络环境之中，确保财务数据的安全、实施创新的数据安全管理措施，已成为财务管理的核心。

为强化数据的安全性，财务管理人员应增强安全意识，并把安全意识贯彻到网络使用过程中的每一个环节，以此提升财务安全的整体水平。在具体实践中，财务管理人员应结合人工备份与自动备份的优势。自动备份以其高效、即时的特性，在数据库服务器中发挥着关键作用。通过定期自动备份，并结合财务数据的光盘刻录，能够实现数据的永久备份，从而确保数据的安全无忧。此外，财务管理人员在使用软件时，需对数据库中的数据实施加密处理，并设置严格的权限管理，明确每个人的职责范围。在财务数据的管理方面，应设立专人专岗，一旦发现安全风险隐患，必须立即采取措施予以排除，以确保财务数据的安全稳定。

在大数据时代下，财务管理创新是一项长期且复杂的系统工程。在大数据的推动下，企业的财务工作既要敏锐捕捉机遇，又要积极应对挑战，创造性地运用新技术、新方法。结合企业的实际情况，对大数据财务管理体系进行改革，持续创新会计数据的处理方法，并加强财务数据的安全保障。在大数据的助力下，企业需开拓出一条全新的发展道路，无论是在技术层面还是组织层面，都需要进行深刻的改革。只有这样，才能最大限度地发挥大数据在财务管理中的优势，持续提升企业的财务管理水平，推动企业不断壮大，从而实现企业的转型升级。

第二节 大数据时代下无边界融合式财务管理创新

随着大数据管理、社会化媒体和移动应用等数字化新技术的蓬勃发展，企业管理理念持续创新，流程再造不断优化，管理效率显著提升。财务管理作为企业管理的核心环节，同样经历了深刻的变革。这些变革具体体现在战略财务、融合式财务、精益财务和信息化财务等多个方面。在大数据时代下，财务数据的来源越发广泛和多样化，不仅要对传统的结构化数据进行深度剖析，还要对非结构化数据进行精准挖掘。为了适应这一新的环境，财务管理的边界正在逐步拓展，与外部世界紧密结合。这种融合的趋势不仅是财务与会计的紧密结合、管理会计与财务管理的深度融合，更是一个全新的领域——财务管理与业务运作的紧密结合，以及产业资本与金融资本的有机融合。

大数据分析能够从海量的数据中挖掘出潜在的规律，预测未来的发展趋势，为社会的各个领域带来颠覆性的变革，也为财务管理创新注入了新的活力。随着大数据的兴起，财务管理的触角已经延伸到了研发、生产、销售和人力资源等各个方面。因此，企业财务部门的核心任务便是全面收集、高效处理并深入分析与企业业务密切相关的各类重要数据。

一、无边界融合式财务管理概念的提出

（一）无边界融合式财务管理的概念

无边界管理这一概念，由通用电气公司原首席执行官杰克·韦尔奇（Jack Welch）所倡导，其核心理念并非指物理意义上的无边界，而是强调组织内各边界间的有机衔接与深度融合。这种管理模式旨在帮助企业迅速、灵活地应对外部环境的变动，展现出高度的创新性和适应性。

在财务管理的实践中，结合无边界理论与融合式财务的特性，企业将逐步构建出无边界融合式的财务管理模式。该模式以企业战略为指引，倡导财务领域树立无边界的主动管理意识，摒弃传统的工作框架与模式，使财务理念在价值链的每一个环节中得到有效的沟通与传递。通过财务管理与其他部门的深度融合，推动企业整体价值的持续增长。

无边界融合式的财务管理不仅将财务理念融入生产经营的每一个环节，还打破了部门与专业之间的信息壁垒，极大地提高了组织内部的信息流通、扩散与渗透能力。这种管理模式有助于实现企业资源的优化配置，进而创造更大的价值，推动企业实现可持续发展。

（二）打破财务管理的边界

杰克·韦尔奇认为，组织的垂直边界、水平边界、外部边界和地理边界是影响组织功能发挥的主要因素。要实现无边界融合式财务管理，就必须打破财务管理的四个边界，但是，这里所说的"打破"，并非要消除所有的边界，而是要把阻碍财务管理的障碍全部清除。

1.打破财务管理的垂直边界

垂直边界在企业管理中特指那种严格分明的层级结构。传统的财务管理组织架构通常具备严格的内部层级，每个层级都明确了特定的职责、职务和权限，但这种模式往往会导致信息传递失真、响应速度滞后，甚至催生了官僚主义。

财务管理理念则倡导突破这种僵化的层级定位，采取更加灵活的部门内部团队模式。在这种模式下，上级与下级之间可以建立起互信互尊的关系，力求让团队中每个成员的能力都能得到最大限度的发挥。此外，通过减少财务部门的管理层级，实施扁平化管理，可以建立起更加灵活的员工关系，从而营造出一种鼓励创新、充满活力的企业文化氛围。

2.打破财务管理的水平边界

财务管理与其他部门之间的明确界限即为财务管理的水平边界。现代企业的组织架构多以专业化为基础，涵盖研发、生产、销售和人力资源等多个部门。在严格的水平边界下，各部门各自拥有明确的目标和方向，独立地在各自的领域内运作。然而，长此以往，这种独立运作的模式可能导致各部门过于关注各自的利益，而忽视了企业的整体目标，甚至会引发资源争夺和资源浪费。

无边界模式下的财务管理则强调打破部门之间的壁垒，实现信息的流通与共享，确保企业价值链与财务链的同步发展。这种模式下，通过建立跨部门的工作团队和实行岗位轮换等方式，突破企业的横向界限，促进各部门之间的协同与配合，共同为企业的发展贡献力量。

3.打破财务管理的外部边界

自20世纪初起，多数企业在价值链中皆以独立的姿态审视自身定位，企业间的竞争关系占主导，企业间的合作稍显不足。然而，随着时代的变化，战略联盟、合作伙伴及合资企业正以惊人的速度蓬勃发展，单一企业的力量已难以与之抗衡。作为企业管理体系中的核心部门，财务管理的重要性不言而喻。它不仅要深入企业内部进行细致分析，更要拓宽视野，将财务管理的边界延伸至价值链的每个环节，实现财务信息的全面整合。例如，通过在财务分析系统之中融入企业信息，为产业链上的供应商和客户提供财务培训，与合作伙伴共享信息，共同应对风险。这种一体化的管理方式，将为企业创造更为广阔的发展空间。

4.打破财务管理的地理边界

随着企业规模的扩张和国际化程度的不断加深，企业的内部职能逐渐在地理上分散开来，其中财政职能尤为明显。为了满足企业整体战略和成本控制的需求，企业必须跨越地域财政的界限，推行一种创新的财务管理模式——财务共享服务。该模式旨在将企业内部各部门重复、分散的财务业务集中处理，通过统一的共享服务中心来高效解决财务管理问题，从而使企业能够集中有限资源和力量，专注于其核心业务领域，形成企业的竞争优势。

（三）无边界融合式财务管理的表现形式

第一个阶段，即企业与企业的融合，主要体现在产业资本与金融资本的紧密结合。这种融合通过股权关系形成，采用持股和人员参与相结合的方式，形成了深度的合作关系。目前，国内众多大型多元化集团已积极进军金融业，产教融合已成为大型企业及龙头企业财务管理创新的关键路径。

第二个阶段，即业务与财务的结合，也称为业务财务一体化。这是近年来备受推崇的一种财务管理模式，它着重强调业务与财务单位的协同配合，将财务管理理念融入业务活动的各个环节中。通过信息系统的支持，实现高效的财务治理，进一步提升企业的整体运营效率。

二、产教融合下的财务管理

随着改革的深入推进和金融创新能力的持续提升，所有企业都需要加速产教融合的进程，以优化企业内部的资本配置。然而，在产教融合的大背景下，企业的资本管理仍面临诸多挑战。风险的认知与控制手段尚不成熟、企业内部的融资功能有待加强、尚未建立健全的资金管理制度、金融业务独立性不足等问题，均严重制约了企业资本运作的效率与质量。

近年来，随着企业规模的不断扩大和经营范围的日益广泛，为提高内部资金的利用效率、降低运营风险，众多企业纷纷设立财务公司或金融控股公司，以此作为企业进军银行、信托、证券、基金等行业的桥梁，推动产业与金融的深度融合。

当前，全球众多大型企业均采用此种模式加速资金积累，以增强企业的市场竞争力。在大数据时代下，产教融合已成为行业发展的必然趋势。然而，由于金融业在运营和管理上与其他行业存在显著差异，产教融合的过程中难免会遇到一系列问题和挑战。

（一）产教融合背景下的财务管理现状

1.企业对风险的控制能力不足

在产教融合的过程中，多重风险如影随形，涵盖经营、财务及市场等多个方面。尽管不少企业已提高了对风险的警觉，但尚未构建起健全的风险管理体系。因此，当企业遭遇产教融合风险时，难以迅速采取有效策略以减轻其损失。对于经营过程中的风险因素，企业缺乏深入且细致的分析，内部资金的核算与转账体系尚未完善，企业对外部支付风险的控制力亦显不足。

此外，部分企业在评估内部资金流动性风险时不够准确，导致产教融合中的资金风险控制功能无法充分发挥，同时也阻碍了资金结构和内部资金配置的优化，使得成员间或单位内的资金比例难以保持合理的水平。企业管理者对于资金配置的认识尚需深化，这在一定程度上制约了企业内部资金的使用效率与效益的提升，同时削弱了企业在市场竞争中对风险的识别能力，从而对产教融合的深入发展构成了不利因素。

2.企业的融资能力较差

融资功能对于一家企业能否顺利推进产教融合具有举足轻重的作用。然而，当前众多企业对于集团内部的借贷和结算机制缺乏正确的理解，限制了企业内部融资功能的正常发挥，影响了企业的整体融资效率。一些企业在制订战略计划时，未能充分认识到票据在企业融资中的重要作用，因此无法基于自身实际状况去深入挖掘和拓展企业内部的融资业务，导致企业在市场营销管理上面临诸多困难。同时，部分企业在探讨如何提高融资效率时，忽视了不同融资手段之间的内在联系，制约了融资渠道的拓展与优化，从而延缓了提高融资效率的进程。

3.企业的资金管理体系不完善

企业内部资金管理的效率无疑是衡量产教融合水平的一项重要指标。然而，目前众多企业尚未能实现对资金的全面集中管理，导致资金增值效果不尽如人意。尽管许多企业已建立起资金集中管理系统，但在系统设计之初，却未能全面考量资金集中管理的各个环节，尤其是企业内部的融资需求，从而使得企业资金链和经营主体的潜力难以充分释放，难以为资金集中管理体系的完善与发展提供有价值的改进意见。

此外，企业在资金集中管理系统的设计与完善过程中，往往未将金融服务标准置于核心地位，导致系统无法真实反映企业的内部融资需求。目前，许多企业对于资金集中管理系统的应用仍处于摸索阶段，特别是在金融服务标准尚未成熟的情况下，资金集中管理所带来的潜在优势与价值尚未得到充分挖掘，难以全面支持企业的产教融合战略。

4.企业的金融业务独立性较差

在产教融合的大背景下，一些企业似乎仍对金融业务的开展方式、资本扩展及股权变动缺乏足够重视，导致出现了金融机构数量激增，但金融业务尚未实现全面独立的现象。企业在推动产教融合过程中，对金融资源的管理往往缺乏统筹规划，不仅造成了金融业务发展的混乱和不规范，还导致了金融资源配置的不合理，使得产教融合方案难以适应现实需求。此外，部分企业在运营过程中未能实施专业的金融管理，限制了金融业务独立性的提升，进而无法为产教融合策略提供具有创新性和实效性的支持。

（二）产教融合背景下企业财务管理的优化

1.提高企业的风险控制能力

企业需要深入剖析内部的财务状况，尤其是财务核算以及外部资金的运作，以获取对企业资金流动的全面洞察，确保产教融合的高效实施。在此过程中，企业必须严密监控产教融合可能带来的风险，通过强化对内部财务核算的监管，确保风险控制方案在风险出现时能迅速启动，从而降低企业损失。

2.提高企业的融资能力

在推动创新与产教融合方案开发的过程中，企业务必深入剖析融资的潜在影响，并加强对融资功能的重视。这不仅能完善与发展企业内部的融资机制，而且能为产教融合的顺利进行铺平道路，从而提升融资效率。在进行融资功能分析时，相关人员需高度重视融资功能的各个要素，对影响融资效果的关键因素进行详尽分析，从而优化企业的融资功能，为产教融合奠定坚实的基石。

此外，企业还需深刻理解票据、债券等金融工具的功能，并深入剖析市场营销现状。这是优化与发展融资功能的前提，也是推动产教融合不可或缺的基础。同时，企业应对融资功能进行细致的归类分析，结合外部市场动态与数据变化，建立健全的内部融资体系，强化企业的融资能力，确保企业能够充分发挥产教融合的协同效应。

3.完善企业的资金集中管理体系

企业必须深刻认识到资金集中管理的重要性，并在产教融合的大背景下，精心策划内部资金集中管理的具体策略，以实现资金的增值，进而完善企业内部的资金管理与决策体系，为产教融合的深化创造更有利的条件。

第一，企业需透彻理解当前的资本决策与管理机制，把握其核心要素。第二，全面掌握资金的流动方向及特征，以确保企业内部资金管理系统得到精准且有效的优化。

企业领导在制定资金集中管理制度时，需对当前外部和内部金融环境进行深入剖析；同时，还需明确企业产业链和经营主体在其中所扮演的角色。在建立健全这一制度的过程中，尤其要重视资金需求的满足以及金融服务的规范化，确保资金集中管理制度能够得到最大程度的运用与发展。

此外，财务管理人员也应充分认识到财务服务标准化在财务管理中的核心价值，积极提升财务管理的效率，确保企业资金集中管理策略的顺利实施。

4.提高金融业务的独立性

在产教融合的大背景下，企业需对金融业务实施全面而细致的检查与管理，尤其应重视金融业务的独立性。增强金融业务在产教融合过程中的独立性，不仅有助于推动企业金融投资的创新与发展，更能为企业带来多元化的竞争优势。

在企业财务业务的运作中，控股、融资等因素的重要性不容忽视。提高金融业务的标准化和专业化水平，对于开发和发展金融资源至关重要。此外，企业还需密切关注金融业务的整合情况，并加大对金融业务的支持力度，以确保其独立性，从而将产教融合的效果最大化。

总体而言，产教融合已成为当今社会发展的趋势。它优化了企业内部资金的配置，提高了企业的盈利能力，并扩大了企业的规模。然而，与此同时，产教融合也带来了一系列风险，如财务风险、资金管理风险和运营风险等。若这些风险得不到有效控制，将对企业的发展产生持续的负面影响。

因此，在产教融合的大背景下，企业需加强对风险的管理与控制。通过完善融资功能、建立资金集中管理系统等措施，将有助于企业实现更加稳健和可持续的发展。

三、业财融合下的财务管理

业务与财务的深度融合并非仅是将财务管理人员直接纳入业务团队之中，而是需要企业在前期深入进行信息化建设，并精心培养具备综合素质的人才。在此基础上，企业要在价值文化的引领下，重构财务流程，确保财务管理能够全面渗透到业务的各个环节之中。通过业财联动机制，为企业的管理层提供精准、及时的决策支持。同时，企业应借助合理、高效的绩效考核体系，对业财团队实施有效的监督与激励，确保价值文化理念成为企业各项活动的核心驱动力。这样的融合策略将有力推动企业战略目标的顺利实现。

（一）以价值文化为驱动的目标融合

企业的经营目标已经从单一地追求企业收益和股东权益，演进为全面追求企业的价值提升。在此背景下，企业的一切经营活动需紧紧围绕"价值最大化"的核心理念展开，确保战略管理与财务管理的深度融合，以进一步拓宽财务目标的视野和层次。

财务文化作为财务管理文化的精髓，其在管理实践中展现出的引导、凝聚、激励、约束、协调和教化等多重功能，无疑成为推动财务管理向前发展的强大引擎。财务文化应以价值最大化为导向，强调并凸显价值理念的核心地位。

因此，企业应在价值文化的引领下，将追求价值的目标深度融入企业的日常业务活动和财务活动中，确保业财融合在推动企业战略实施和业务发展中的作用得到充分发挥。

（二）以业务流程为纲领的流程融合

业财融合的核心特质在于财务深度融入企业经营的各个环节，对财务流程的重构至关重要。财务流程的重构，能实现全业务过程中的业财协同，确保业务与财务信息的高效转换。在企业的业务运作中，把预测作为起点，结合预算和业务过程，制定出更为可靠的预算策略；以收入为核心，通过梳理各业务环节的收入点，构建收入风险图谱，实现对收入全链条的监控，保障收入的稳定实现；将成本控制与业务过程紧密结合，借助信息系统实时监控成本发生点，灵活调整资源配置；将资产作为生产经营的基石，使资产管理与业务流程有机结合，能获取更为详尽、精准的资产使用与需求信息；将风险控制与业务过程融合，能满足风险管理的实际需求。从预算管理、收入保障、成本管控、资产管理到风险控制，业财融合为企业的经营活动提供了全面管理，为管理层的决策提供了有力支持，是企业财务价值管理与风险防范的坚实后盾。

1.预算管理

在业财融合的背景下，企业应聚焦于提升企业价值，精心构建以价值链为核心的预算管理系统。

第一，企业应以战略为导向，将具有长期性、综合性的战略目标进行逐层分解，直至具体的经营计划、责任中心及经营期间，以确保战略目标的实际可操作性。

第二，企业必须紧密关注价值活动的增值环节，识别出价值增值活动的核心驱动力，并将企业的核心资源配置于这些增值活动之上，以实现资源的最优配置。

第三，预算管理不应仅局限于价值链的各个环节，而应全面反映各业务间的逻辑关系，强化业务驱动，形成预算闭环管理，确保预算的完整性和有效性。

第四，根据企业经营环境的动态变化以及价值链中各活动的实际情况，企业需要对预算或经营活动进行及时的调整，以保障战略目标的顺利实现。

2.收入保障

收入作为企业实现其价值的核心驱动力，其保障工作是一系列以过程和数据为导向的活动。这些活动专注于识别并应对收入流失风险点，通过针对性的改进和控制措施，有效减少潜在的收入损失。

在业财融合的背景下，收入保障工作显得尤为重要。通过对业务中涉及的财务问题进行细致的梳理和深入的业财风险诊断，能够精确地识别出企业收入链上的"失血点"。通过持续优化经营管理流程并提高系统支持能力，相关工作人员能够有效地解决收益"失血"的问题，确保企业的稳定收入，从而为实现企业价值提供坚实的保障。

3.成本管控

近年来，众多企业已从追求市场拓展与收入增长的高速成长阶段，转向注重效益提升与创新驱动的成熟阶段。为了保持企业持续的核心竞争优势，必须深化成本管理，坚定不移地实施低成本、高效率的运营策略。

在成本管控过程中，企业财务控制的精细化特征越发显著，已深入渗透到企业各项业务和管理活动中。通过业财融合的方式，相关工作人员能够对企业经营活动进行更为细致的费用分解，为企业成本控制提供切实可行的建议。此外，基于业财融合的理念，各层级的经营与财务活动均依托于成本分析与共享平台，进一步促进了企业间的紧密合作与协同发展。

4.资产管理

企业的总体资产管理水平与其资产使用效率紧密相连。实现对资产的有效管理，无疑是提升企业价值的关键一环。具体而言，提升固定资产的管理效率能够直接提高企业的投入产出比，从而为企业带来更大的经济效益。而对于金融资产的精心经营，则让企业能够直接利用金融市场的机遇，实现盈利。

在业财融合的背景下，财务管理人员的作用越发凸显。财务管理人员不仅深入参与到价值链的各个环节，确保对企业资产状况有全面且清晰的认识，还在此基础上，为提高资产使用效率提供了有力的支持；此外，还能针对资产的购买和投资提出专业的建议，确保企业资产得到最优化的配置和利用。

5.风险控制

企业内部的控制已逐渐从以合规和管理为基础的模式，转向以价值为导向的管理模式。业财融合在要求财务发挥会计监督职能的同时，更强调与业务部门的紧密合作与沟通，确保能将发现的问题迅速传达至业务部门并加以整改。此外，业务与财务之间还需实现高效协同，共同面对和处理跨部门和跨城市的风险问题。在业财融合的背景下，风险管理系统应聚焦于业财人员，关注价值变动中的异常情况，确保实现风险管理的核心目标——价值的稳定与保障。

（三）以决策支撑为中心的系统融合

企业的财务状况与经营业绩作为企业运营状况的直接镜像，是规划企业未来发展战略的基石。然而，传统的财务管理体系仍存在诸多不足。在业财融合的背景下，系统整合凸显了其决策支持的关键作用，通过业务数据化手段，极大地提升了财务管理的核心地位。

在推动业务和财务深度融合的过程中，企业应全面审视并优化现有的财务与业务系统。这一举措旨在实现业务数据自动转化为财务数据，确保财务数据能够精准追踪并反映业务数据，从而确保业务与财务数据的高效流通与共享。这一转变不仅为企业价值管理的量化评价提供了坚实的数据支撑平台，更为企业的未来发展奠定了坚实基础。

（四）以业财团队为基础的人才融合

业财融合的实现依赖于一支专业的业财联合团队。在这个团队中，业务人员需要具备金融基础知识，以便更好地融入财务环境；而财务管理人员则需要敏锐捕捉业务需求，深入分析并持续推动业务的发展，并拥有全面的金融知识，以及卓越的沟通能力、高度的工作积极性与团队合作意识。

企业通过组织技能培训、读书会、内部技能鉴定等多样化的活动，可以不断提高团队中业务人员和财务管理人员的工作能力，确保企业与金融机构的顺畅运作。

（五）以绩效考核为激励的制度融合

业财结合背景下的制度融合，其核心在于构建一套既合理又高效的绩效考核体系，旨在监督和激励业财团队的高效运作。业财团队由财政和商业两大部门共同引领，应接受来自双方的双向考核。以绩效考核为激励的制度融合不仅有助于业务人员深入理解业务运作，还能促使其站在商业单位的视角思考问题，从而为企业提供有力的资金保障。

无边界融合式财务管理的模式正契合了大数据时代下企业财务管理的迫切需求，为企业财务管理的创新开辟了一条系统化的发展道路。在这一背景下，企业需持续优化并创新自身的财务管理系统，努力打破部门与专业之间的壁垒，积极推行业财融合等新型管理模式。从目标设定、流程优化、系统升级、人才培养到制度完善等多个维度出发，全面完善财务管理体系，确保财务管理的全过程顺利实施，为管理者提供多维度、精细化的财务支持信息，进而提升企业的价值创造能力。

第三节 大数据时代下企业财务管理智能化发展

在大数据时代下，财务领域正经历着从单一记录向智能多元操作模式的深刻变革。财务信息化作为这场转型的核心驱动力，已成为企业财务管理创新与可持续发展的关键路径。它不仅赋予了财务管理人员前所未有的信息捕捉能力，使其能够迅速锁定关键数据，轻松驾驭传统财务管理难以执行的复杂任务；还依托大数据技术的力量，为各行各业量身定制了精准、科学的财务决策支持。

一、现代企业财务管理智能化发展的特点

（一）共享性

现代大数据技术凭借其开放、全面、共享的特性，已在我国各行各业中得到广泛应用。在这一背景下，财务管理模式也逐步从单一走向多元化，不断推

动财务管理人员利用计算机网络进行高效管理，极大地提升了企业财务管理的效率，确保了各项工作的顺利进行。

大数据的兴起，使企业内部的人事、物资等关键数据告别了手工记录的传统方式，转而借助计算机网络实现精准存储与细致分类。电子文件的广泛应用，更是彻底替代了财务部门的纸质文件，为财务管理带来了前所未有的便利。现在，财务管理人员不再需要费时费力地从一堆文件中翻找，只需轻轻一点便能从网络找到所需信息。

现代大数据技术带来的变革，不仅让财务管理人员能够获取更多有价值的外部信息，还极大地拓宽了信息的传播范围。现代大数据技术的引入，无疑为企业的财务管理带来了革命性的变化。

（二）业务范围的扩大

在企业的财务管理工作中，财务管理者只需明确并遵循既定的管理目标，即可显著降低财务管理的复杂度。随着现代大数据技术的广泛引入，当前众多行业已实现了财务管理的自动化，极大地提升了工作效率。数据库的兴起不仅打破了传统单一的财务信息账本管理模式，而且显著提高了企业财务管理的效率。同时，信息交流范围的持续扩大，不仅有助于企业内部信息的快速流通，也为企业的业务拓展和财务管理空间的扩展提供了有力支持。

二、现代企业财务管理智能化发展面临的挑战

（一）数据来源广，可信度不高

在传统的财务管理模式下，企业内部的财务数据主要由财务部门手工整合，并确保各个环节的相互关联，每一个步骤均受到专业人员的严格监督。然而，随着大数据时代的到来，网络环境下的财务管理工作面临着新的挑战，各环节之间的相对独立性给企业的财务管理带来了较大的挑战。尽管现代财务管

理具有数据来源广泛、管理效率高和质量高的显著优势，但由于资料的不完整性，仍然存在漏报等风险。无论是传统的财务管理还是现代的财务管理，数据的真实可靠性始终依赖于人工录入和审核。

值得注意的是，许多发达国家已经开始采用智能财务软件，以支持企业管理者做出更为准确、科学的决策。然而，在这种背景下，随着金融数据覆盖面的日益扩大，如何确保这些数据的可信度成了一个亟待解决的问题。

（二）财务监督机制不完善

在当前阶段，我国众多行业在财务管理与财政监督服务部门的构建上尚显不足，即便部分行业已设立财政监督管理机构，但其监督职能的实际发挥仍不尽如人意，导致这些监督部门在某种程度上形同虚设，财务监管力度不足。在企业监督指导小组的成员选拔过程中，公平、公正、公开的原则并未得到切实贯彻，严重影响了各行业财务管理监督工作小组在财政监督和引导职能上的有效发挥。因此，构建完善的财务管理监督机制，是推动智能化财务管理进程中的关键一环。

（三）数据出现盗窃或丢失的情况

智能化的财务管理，确保了信息的及时传递，有效减轻了财务管理人员的工作压力，极大地提升了大数据时代下企业财务管理工作的效率与质量。尽管智能化的财务管理为各行各业的工作与生活带来了显著的便利，但是在数据传输的过程中，财务管理数据一旦被篡改或盗用，对企业而言，其损失将是无法估量的。网络世界的虚拟性和开放性，使得犯罪分子能够利用不正当手段窃取商业秘密。相较之下，传统的纸质档案的保存方式则有效规避了这一风险。因此，在大数据时代下，企业财务管理人员对智能财务数据的传输、保密等需要高度重视。

（四）财务管理人员素质不高

智能财务管理系统主要是借助计算机和网络数据处理系统等先进工具，在无须人工干预的情况下，自动执行记账、算账和报账等核心数据管理任务。然而，由于众多财务管理人员缺乏必要的专业知识储备和实战经验，在处理财务管理工作时往往难以采取切实有效的策略，从而导致了企业财务管理工作中的疏漏，进而影响了企业整体管理的效率和质量。因此，在充分利用现代大数据技术的背景下，企业财务管理人员亟须提升自身的专业素养，并通过定期的培训活动来充实和更新现代财务管理的知识，推动企业财务管理智能化工作的持续发展。

三、强化财务管理智能化发展的策略

（一）提高财务管理人员的计算机技术应用能力

全面、科学、可靠的财务数据对于确保企业财务管理体系的顺畅运行至关重要。这些数据涵盖了财务和运营等多个方面，是企业财务管理工作中不可或缺的一环。因此，企业财务管理部门应充分发挥其作用，以优化管理效果。

在现代企业财务管理中，利用大数据技术已成为一种趋势。为了提升财务管理人员的综合素质，以更好地应对现代财务管理中的挑战，招聘具备较强计算机应用能力的人员成为关键。一方面，财务管理人员应针对企业财务管理工作中存在的问题，采取精准有效的管理措施，以提升财务管理工作的质量；另一方面，财务管理人员应充分利用专用的信息管理软件，对企业的账本数据进行细致核查，确保大数据技术的优势得以充分发挥。

财务管理人员的专业素质直接决定了财务管理工作的质量。因此，企业相关负责人应鼓励财务管理人员加强日常业务训练和理论自学，不断更新、扩展和提升其理论知识和专业技能；同时，还应加强财务管理人员的思想政治教育和对法律知识的学习，确保财务管理人员能够知法守法，为企业的可持续发展贡献力量。随着金融改革的不断深化，各行各业的财务管理业务都在发生变革。企业还需加强对财务管理人员的相关业务培训，提高员工的业务素质，以更好地应对智能化财务管理的挑战，确保企业在激烈的市场竞争中占据有利地位。

（二）利用大数据技术推行财务公开

在财务管理过程中，财务管理人员应严格遵守财务公开管理项目，特别在企业重点项目的资金投资、资金理财等关键财务事项上，务必严格执行企业的财务管理制度。企业应借助大数据技术，定期公示企业的财务收支预算情况，确保财务信息的透明度。企业应实施定期与不定期的财务公开，而日常财务工作与重要事项均应及时公开。企业的财务公开方式主要为网站公开，财务内容应完整、详尽，包括财务摘要、用工项目以及往来业务项目明细，使管理者和员工对企业的每项财务收支有清晰的认识。

此外，在利用大数据平台管理与维护数据时，财务管理人员应有效防范黑客攻击，确保信息存储环境的安全稳定。还需注意的是，只有加强财务信息的流通与交流，才能在现代大数据环境下，推动企业财务管理的创造性转化与创新性发展，进而提高财务管理的工作效率。

综上所述，各地企业应积极改革和创新地方财务管理模式，以提升我国财务管理工作的整体效率。同时，作为现代智能化财务管理的核心服务对象，财务管理人员须持续加强对财务管理知识的学习，提升自身的业务技能与综合素质，以推动智能化财务管理的持续健康发展，最终实现智能化财务管理的良性循环。

参 考 文 献

[1]夏娟，蔺超，程承.大数据时代推进企业财务管理创新研究[M].北京：现代出版社，2023.

[2]郭一恒.大数据时代下企业财务管理创新研究[M].北京：中国商务出版社，2021.

[3]侯占林.大数据时代企业财务管理转型创新研究[J].财会学习，2024(21)：38-40.

[4]林雁.大数据时代企业财务管理的创新研究[J].财会学习，2024（19）：50-52.

[5]李瑛.大数据时代下的企业财务管理研究[J].商业2.0,2024(16)：108-110.

[6]郑洋.大数据时代企业财务管理的创新研究[J].财会学习，2024（16）：28-30.

[7]王丽懿.大数据时代事业单位财务管理信息化建设研究[J].中国产经，2024（10）：161-163.

[8]曹华.大数据时代的集团化财务管理创新研究[J].财会学习，2024（15）：11-13.

[9]董梦言.大数据时代企业财务管理信息化问题及对策研究[J].商场现代化，2024（11）：174-176.

[10]王宇薇.大数据时代企业财务管理信息化建设的路径研究[J].老字号品牌营销，2024（10）：152-154.

[11]王进新.大数据时代企业财务管理面临的机遇和挑战研究[J].中国物流与采购，2024（10）：83-84.

[12]柴菁华.大数据时代企业财务管理信息化建设研究[J].乡镇企业导报，2024（09）：27-29.

[13]王心茹，王文霞，陆星好，等.大数据时代的企业财务管理研究[J].江苏科技信息，2024，41（08）：104-107.

[14]杨正娟.大数据时代信息化在财务管理中的重要性和应用策略探析[J].市场瞭望，2024（08）：95-97.

[15]刘伟.大数据时代电商企业的财务管理模式研究[J].乡镇企业导报，2024（07）：180-182.

[16]殷丁丁.大数据时代企业财务管理工作的创新策略探究[J].中国中小企业，2024（04）：159-161.

[17]王小明.大数据时代全额拨款行政事业单位财务管理信息化研究[J].金融客，2024（04）：78-80.

[18]庄小倩.大数据时代下企业财务管理的创新研究[J].现代商业研究，2024（07）：107-109.

[19]王英.大数据时代企业财务管理策略研究[J].老字号品牌营销，2024（07）：169-171.

[20]王剑峰.大数据时代自来水行业财务管理体系构建策略研究[J].老字号品牌营销，2024（07）：88-90.

[21]柯晓光.A公司财务管理优化研究[D].昆明：昆明理工大学，2022.

[22]隋馨.大数据时代A集团的财务共享服务中心问题研究[D].大连：东北财经大学，2021.

[23]潘晓娟.大数据时代XH电网企业全面预算管理体系的优化研究[D].济南：山东财经大学，2021.